小学生に教える「地理」

先生のための最低限ガイド

荒木一視・川田 力・西岡尚也

ナカニシヤ出版

はじめに

　この本は，将来小学校で教鞭を執る夢を持っている学生のための教科書として作られたものですが，現役の学校の先生や小学生の子どもを持つ保護者のみなさんにもぜひ読んでいただきたいと考えています[*]。

　実際に小学校で「地理」という教科が時間割に組み込まれているわけではありません。しかし，高学年では「社会」，低学年では「生活」という教科の中で地理的な内容は登場してきます。そしておそらくこれが，子どもたちがはじめて習う「地理」になるのです。その後，中学校や高校へ進むと，「社会科：地理」として，また「地理歴史科：地理」としての地理教育を受けることになります。それならば，すなわち上の学校に入って「地理」を習うのであれば，「小学校ではまぁそれなりに勉強していればいいじゃないか」とは考えないでください。むしろ，**小学生だからこそ大切なこと**を間違いなく教えておいてもらいたいのです。

　文字を習得する過程にある小学生，特に低学年では，映像などの視覚的な教材が大きな役割を果たします。それは同時に地理の魅力を存分にいかせるところでもあります。この特性をい

---

[*] この本は大学の教育学部で教鞭を執る3人の地理学者によって書かれたものですが，同時に小学生の娘を持つ3人の父親によって書かれたものでもあります。

かして，地理のおもしろさ，世界のおもしろさ，自然のおもしろさを伝えてほしいのです。きわめて単純化して言えば，小学校で習う地理的な内容は「私たちの暮らしている世界の広がりと多様性について認識を深めること」「人間と自然環境の関係について考えてみること」「自分の暮らしている（狭い）場所についてもっと知ること」に集約できるといえます。この本ではなぜこのようなことを教えていくのかという話をしていきたいと思います。

たとえば，世界の多様性を認識する枠組みとして，いくつかの国を覚えるのは意味があるでしょう。しかし，なぜ国の名前なのでしょうか。教えるほうは教えることの背景について，常に敏感でいてほしいのです。

あるいは，マスコミを通じて流れ込む大量の地理的情報を一概に否定するつもりはありませんが，十分な検討を経ないままに，圧倒的な物量で入ってくることは，決してよいことではないと考えます。子どもたちには充分な検討を経た上で，じっくり吟味できるものを与えてあげてほしいのです。あふれる情報に惑わされない判断力を身につけるために。

そのためには，教える側が知っておかなければならないことがあります。身につけておかなければならない技術があります。地理学はその長い歴史の中で，たくさんの戦争や侵略や支配の実践にかかわってきました。教える側が知っておくべきことを知らないままに，身につけておくべき技術を身につけないままに，地理を教えるとしたら，それは誤った世界認識や，誤った自然と人間の関係を次の世代に伝えてしまうばかりでなく，とても危険な状況を作り出してしまいかねないということがあり

ます。この点をよく認識しておいてほしいのです。

　さて，学校の「地理」のはなしに戻りましょう。「地理」という表記についてですが，この本では学校の授業としての意味合いで使う時には，「　」を付けて区別しました。一般的な地理的内容やいわゆる地理学という意味でこの語を使う時には単に地理としています。その「地理」の授業ですが，ちんぷんかんぷんの国名や地名の暗記という印象があるかもしれません。大学が新しい年度を迎えると，いつも一番初めの授業で，将来学校の先生を夢見る教育学部の学生たちにこう尋ねます。「あなたが「地理」の授業の中で，国の名前や地名を覚えたりするのはおもしろかった？」すると多くは「つまらなかった」と答えます。「ではそのときに先生に「なぜ覚えなきゃならないのか？」と聞かなかったのか？」と続けます。何人かは聞いてみたといいます。でもその時に先生が答えてくれたことはといえば「試験に出るから」とか「（あなたの志望している大学の）入学試験に出るから」とか「教科書に書いてあるから」とかいうことだったそうです。あるいは「知っておくと役に立つから」というのもあります。

　それではどんなふうに役に立つのかと聞くと，「外国（例えばヨーロッパ）のことを勉強しておくと外国（例えばヨーロッパ）に行ったときに困らない」とか「クイズに答えられる」とかいうことだそうです。「それで納得したの？？？」もしかすると子どもごころにも「ホントにそうなのかな？」「そんなこと聞いたつもりじゃなかったのにな？」と思ったかもしれません。でも先生の醸し出す「もうこれ以上聞くな（知らないよそ

んなこと)」という雰囲気にのまれて，その話はそれまでになったのでしょう。

　……一連のそうした話の後で「今度はあなたたちの番ですよ。将来あなたたちが教壇に立ったら，同じ質問を子どもたちから浴びせられます。そのときあなたたちはどう答えるの？」と問い直します。いい加減な答えはしないでください。子どもたちが納得できる答えをしてあげてほしいのです。

　2006年1月

執筆者一同

もくじ

はじめに i

第1章 地理ってなに？——世界観のモンダイ ……………3

1 教える前に知っておいてほしいこと …………………4

なぜ学校へ行くの？／近代国家：王様の国と市民の国／学校の発明／地理教育に求められたもの／幕末～明治初の混乱の中で／近代国家と地理教育

2 小学生に伝えたい地理のテーマ ………………………14

地理的世界観／世界を描く／地理的情報の収集／近代地理学／地理学と地理教育／私たちが伝えるべき世界観とは？／さて，もう一度，私たちはなにを教えるのでしょう。

Hint 1 授業に役立つ参考資料 …………………………………28

第2章 なにを伝える？——地理的思考のエッセンス ……31

1 地域理解のために ………………………………………32

地名は覚えなくてはいけないの？／「地理」を教えるときの4大ポイント／「身近な地域」の学習の大切さ／「身近な地域」学習のてがかり／どうして「産業と国土のようす」を学ぶのか／「産業と国土のようす」学習のてがかり／どうして「国土と環境」を学ぶのか／「国土と環境」学習のてがかり／工業化と環境保全

  2 教科書の限界を知ろう …………………………56
    世界地理教科書としての福澤諭吉『世界国尽』／『世界国尽』のもたらした課題／アフリカに関わる表記／教科書はどの国がお好き？／作られるアフリカイメージ／アフリカの記述からみえてくるもの

付録：子どもたちは世界をこうみている …………………………70
Hint 2 教材づくりに役立つ本 …………………………72

第3章 どう伝える？—授業が楽しくなるテクニック …… 75
 1 もっと野外に出よう …………………………76
   地域を学び地域で学ぶ／五感で観察しよう／きちんと記録しよう／なぜそこにあるのかを考えよう／自分の考えを確かめ，まとめよう
 2 もっと地図を知ろう …………………………84
   よい地図とわるい地図／地図をうたがおう
 3 もっと地図帳・地球儀を活用しよう …………………………90
   大切な小学4年生／「地図ぎらい」は教員の責任／「ゲームの世界」と「地図の世界」／索引の活用／世界地図の落とし穴／面積のトリック：グリーンランドはなぜ広いのか？／教室でマスターする方位／方位のトリック：ブラジルは日本の北？

Hint 3 地理的思考を育てる絵本 …………………………105

  文 献 一 覧 108

小学生に教える「地理」
先生のための最低限ガイド

第1章

地理ってなに?
―世界観のモンダイ

この章では地理学と学校の関係を取り上げます。といっても現在のトピックではなく，長い長い地理学の歴史と近代という時代に焦点を当て，なぜ学校で「地理」という教科が教え続けられ，それを通じて私たちはなにを目指し，なにを体得してきたのかについて考えます。教壇に立って「地理」を教える人には，こうした背景を是非とも知っておいてもらいたいのです。

1 教える前に知っておいてほしいこと

なぜ学校へ行くの？

「はじめに」の項で「なぜこんなことを勉強しなければいけないのか」という子どもたちの問いかけにきちんと答えてください，という話をしました。「役に立つから」とか「試験に出るから」という答えになんとなく納得できないのはなぜでしょう。それはいずれの答えも個人に対する答えでしかないからです。個人の役に立たなければ，学校は行かなくてもいいのでしょうか。塾や予備校で役に立つことを教えてくれれば，学校は行かなくてもいいのでしょうか。子どもごころに聞きたかったのは「なぜ学校という制度があって，そこで「地理」というものを勉強しなければならないのか」ということだったのではないでしょうか。

個人の役に立つからという答えではなくて，どうして私たちの社会ではそんな仕組みになっているのか，ということを聞きたかったのです。これは端的には「なぜ学校に行かなければならないの？」という子どもの声に，きちんと答えるのと同じといえます。「決まりだから」「学校に行かないとダメだから」ではもちろんきちんと答えたことにはなりません。また，「いい学校，いい会社へ行けるから」「試験でいい点が取れるから」と

いうのも十分な答えではありません。私たちの社会になぜ学校があって，なぜそこで地理が教えられているのかという問いの答えにはなっていないからです。

これにきちんと答えるためには，いま暮らしている私たちの社会がどんなふうにしてできあがったのか，学校がどんな役割を求められてきたのか，「地理」がどんな役割を求められてきたのかということを知っておく必要があります。これには明確な理由があります。一つには「近代国家」，もう一つには「地理教育史」というキーワードに要約することができますが，いずれも高校までに習う一通りの知識があれば十分理解することのできるものです。新しい知識はほとんどいりません。それより私たちはいったいなにを習ったのかを考え直してほしいのです。

近代国家：王様の国と市民の国

まず，近代国家の話からはじめましょう。「近代国家はいつ成立したのか」という問いに対しては，「1789年フランス革命」というような答えが返ってきます。それはそれで間違いではないのですが，それ以前とそれ以降ではなにが変わったのか。実は年号を覚えるよりも，こちらをきちんと理解しておくことのほうが重要です。誤解を恐れずに単純化していうのなら，それ以前は王様や法王様が支配する国，すなわち王様の国であったといえます。これを覆して市民の国を誕生させたのが，近代国家の始まりといえます。

もちろんこのくらいの認識は学校で習ったことでしょう。では，想像したことはありますか？　王様の国から市民の国へと

いう転換がいかに多くの変化をもたらしたのか，市民の国というものを作る際にいかに多くの社会的な仕組みや装置を必要としたことか。

それまでの王様の国では，なにが良くてなにが悪いかは王様が決めました。王様が良いということは良く，王様が悪いということは悪いわけですから，あまり難しくはありません。では市民の国ではどうでしょうか。王様は1人ですが市民は1人ではありません。いろいろな異なる意見を持っている人がいます。そこでなにが良いことでなにが悪いことかを示すことは大変なことだということはすぐに想像できるでしょう。そうした中で，みんなでなにが良いかなにが悪いかを決めるための「社会的な仕組み」が作り上げられてきました。多数決や法律による政治といった民主主義の仕組みです。

同様に王様の国だったものが市民の国になることは，そのほかの点でもいろいろな変化をもたらします。例えば音楽や美術といった芸術も，王様の国では王様のものです。こんにち，だれもが楽しむクラシック音楽の多くも，作られた当時はその時代を生きたすべての人が広く楽しめた音楽だったのではありません。王様にはお抱えの音楽家や絵描きがいて，王様のためだけに音楽を演奏し，王様のためだけに絵を描いたわけです。王様の国ではそれでよかったのです。

さて，市民の国になるとかつて王様1人で楽しんだ芸術作品を市民みんなで楽しむことになります。そこで市民の国では，コンサートホールや美術館を作りました。これはいままで一握りの王様たちに鑑賞させていた芸術作品を，大多数の市民みんなで楽しめる仕組みを作り出したということです。

学校の発明

　同様に教育ではどうでしょう。もちろん王様の国以前にも，親が子に農作物の作り方や道具の作り方，商売の仕方などを教えたり，共同体の中で対人関係やルールを教えたりすることはありました。しかし，専門の教師による教育を享受できるのは，王様の国では王様とそれを取り巻く一握りの人たちだけでした。そこでは，王様の楽隊の楽団員と同じように王様のところへ教師のほうから出かけて行って授業をしました。ところが，市民の国になって，王様のための教育から市民のための教育ということになるとどうなるでしょう。教師が市民1人1人のところへ出かけて行って授業をするのは，ものすごく効率が悪いことです。そこで学校が作られました。ここでは教師のところへ教育を受けたい人が集まって，効率よく教育を多くの人に享受してもらえる仕組みができました。王様の国では王様だけが享受できた専門の教師からの教育を，広く市民が受けられる仕組みができたのです。

　ここでもう一つ考えてみてほしいことがあります。そもそも近代国家における市民とはなんでしょう。王様の部類に入らない人が市民なのでしょうか。人間は生まれながらに市民なのでしょうか。どうしたら市民になれるのでしょうか。理念的な議論は別にしても，従来あった王様の国ではなくなって，いろいろと新しい市民の国の仕組みができたのですから，その新しい仕組みのことをよくわかっておかなければなりません。

　例えば，王様の国では王様に税金を払って，王様がそれを使っていましたが，市民の国では市民のために税金が使われる

ことになります。さあどういうことに税金を使いましょうか。そもそも税金は必要でしょうか。……などなど新しく作られた市民の国では，それまでの王様の国とは違う新しい仕組みを考え出してそれを使いこなせるようにしていかねばなりません。

　それを次世代の市民に伝えるための場として学校があります。たんに王様のための教育を市民に開放しただけではなく，王様がお抱えの家庭教師から帝王学を学んだように，市民は市民のために作られた学校を通じて，市民の国を市民が統治する方法を学んできたといえます。すなわち，近代の成立と同時に誕生した学校は，次世代の市民を作り上げる役割を果たすべき装置であることを求められたのです。近代国家における学校は，近代国家における市民を形成・育成する，あるいは市民を大量生産する場所であったというわけです[*]。

地理教育に求められたもの

　次に「なぜ小学校の社会科あるいは生活科で地理的内容が教えられるのか」について，地理教育史を振り返りながら説明しましょう。

　日本でもヨーロッパ流の近代国家を目指した明治政府が多くの改革を実施しました。そのなかで1872（明治5）年に学制が定められ，学校が誕生します。この近代の学校は国民すべてに学校教育を受けさせようとの理念のもとに作られた機関で，

---

　*もちろん，産業革命を進めるための労働者を大量生産する場所であったとみることも可能です。

ヨーロッパが近代を構築するうえで作り出した学校教育を倣ったものでもあります。その意味で，それまでにあった藩校が藩のエリート教育機関であったこととは性格が異なります。また，寺子屋教育が実学や教養を重視し，当時の社会の中で個人の資質をのばすことを目指したこととも決定的に異なります。

近代の学校は，自分たちの暮らす社会そのものを教育の対象にしたものであったといえます。つまりそれは，自分たちの暮らす市民の国＝近代国家がどのようなものであるか，なにに価値をおくのかを，次世代に伝えていく役割を期待されていたのです。

もちろん，地理教育もそのなかで重要な役割を担うことになります。中山（1997）によると，学校教育に地理が取り入れられたのは学制発布時にさかのぼるといいます。当時の地理教育は地誌教育が中心で，最初の官製の教科書として「日本地誌略」や「萬国地誌略」などが使われていたようです。また，中山は，明治の学制で地理教育，とくに「日本地誌」や「世界地誌」という地誌教育が取り入れられた背景として，国民意識と国家意識の育成をあげています。すなわち「日本地誌」を学習することで国民意識を，「世界地誌」を学習することで国家意識を育成しようとする強い国家的意図があったと論じています。

こんにちでは「地理」の授業と国家意識や国民意識という主題とはあまり結びつきにくいかもしれません。しかし，本来的に両者は密接に結びついています。それはこんにちでも同じです。このことについてもう少し詳しく示しておく必要があります。

幕末～明治初の混乱の中で

　学制ができた1872（明治5）年の日本は，まだ安定した状態ではありませんでした。旧幕府勢力との間の戊辰戦争が終結したのが1869（明治2）年，西郷隆盛らによる西南戦争はさらに後の1877（明治10）年です。当時の日本はまだ内戦が続いている状況で，それは大きくは幕府勢力と倒幕勢力の対立ということができますが，これに明治の新体制の下での旧士族の不満，反乱といった要素も加わっていました。さらに，長い幕藩体制の下で，当時の人たちにとっては国といえば，「薩摩」や「長州」あるいは「会津」などを指していました。もちろん日本という概念がなかったわけではありませんが，日本という一体感よりも，「薩摩」だとか「長州」だとか「会津」だとかいう国に自らのアイデンティティを重ねていました。

　こうしたなかで何とか日本の内戦状態に終止符を打たねばなりません。倒幕勢力すなわち後の明治新政府勢力と旧幕府勢力の対立が続けば，いつまでたっても内戦は終わらず，国は安定しません。なるべく早く内戦状況に終止符を打ち，近代国家であることをアピールしなければ，欧米列強の介入を招くことも容易に想像できます。

　そこで内戦を収束させて国家を安定させる手段として利用されたのが，学校教育でした。すなわち国民意識，国家意識を育成することで，「薩摩」や「会津」といった旧国・藩単位での対立を解消していこうというものです。けれども自分の親や兄弟を戦の中で失ったものにとって，その恨みはなかなか消えるものではありません。実際，西南戦争の時に西郷軍を鎮圧するた

めに組織された巡査抜刀隊には，戊辰戦争の恨みを晴らそうとする多くの旧会津藩士が参加していたといいます。しかし，次の世代にまでこの恨みを再生産させ続けないために，「薩摩」でも「会津」でもない，近代国家日本という枠組みを学校教育の中で徹底して教え込んでいくのです。

こんにちでこそ私たちにとって，「日本」は空気のような存在です。外国にでも行かない限り強く意識することはありません。しかし，「薩摩」や「会津」という国に暮らしていた当時の人たちにとっては，「日本」とはまさに教えられて知る存在だったのです。

同時にそのときに「日本史」も作られたといってよいでしょう。当時の歴史教科書としては「日本史略」「日本史要」があり，いずれも国民意識の育成の上で重要な役割を担ったといえます。すなわち日本という「国家の歴史」を共有させるという意味において，象徴的に国民意識を形成させたからです*。

近代国家と地理教育

このような背景のもと，地理教育は，近代国家日本の成立過程で重要な役割を果たしながら定着していきます。その後，戦

---

*「日本史」と同様の意味で「国史」という言い方をする場合があります。より象徴的に国家を連想させる表現です。この表現に違和感を持つ人がいるかもしれません。でもそんな人の多くも小学校で教えられる「こくご」「国語」という表現にはそれほどの違和感を持たないのではないかと思います。気がついていましたか。

争の遂行に加担したり，戦後の勤労国民意識の育成に少なからぬ役割を果たしながら，地誌を中心とした地理教育は，100年を超えて学校教育の現場で教えられ続けてきました。それは常に国の政策とのかかわりであったといえます。あるいは近代国家における学校教育の宿命であったともいえます。

ただ，その過程で，市民が主役であるべき近代国家の仕組みを次世代に伝える機関として作られたはずの学校が，いつしか支配勢力がたんに自らの権益を保持するための仕組みとして，国家の枠組みを次世代に刷り込むための機関となってはいないでしょうか。それを常に問い直してみる必要があることも併せて指摘しておかないといけないでしょう。

これが，なぜ学校で地理が教えられてきたのかという背景です。決して「知っていれば役に立つから」といったような個人的な理由で始まったのではないのです。それをどう解釈するのかは個々にゆだねられるべきことです。しかし，それを教える立場にある人にはこうした背景をぜひとも知っておいてもらいたいのです。

学校教育は近代国家の枠組みから自由ではありません。その枠組みにおいて，近代国家の求める国民を育成してきたわけですし，学校とはそのための機関でもあります。とはいえ，学校でなにを教えるのかを決めて，それを変えることができるのも学校で教育を受けた国民です。あるいはまた，市民の国＝近代国家という「かぶりもの」をした王様の国が，自らの支配を確立し再生産するために学校という装置を利用しているだけかもしれません。その際はそれを見破らなければなりません。どちらであったとしても，私たちの子どもの世代がより良き国ある

いはより良き世界で生きていけるために，私たちになにかできることがあるとするならば，市民の国で作り出された学校とそこで採用された世界観（国家・国民意識）の育成のための地理教育についての背景を伝えておくことです。少なくとも，子どもたちに地理的な内容を教える人たちには，これだけは知った上で教壇に立ってもらいたいのです。

　最後に一つ，ほとんど誰も気がつかないトリックの話をして終わりにしましょう。地理ではよく国名を暗記させられるというイメージがありますが，はたして国名を暗記する必要はあるのかということです。私たちはよく（国名を）50 覚えたとか，60 覚えたとか言って競争したりします。先生もたくさん覚えれば褒めてくれます。いま世界には 190 くらいの国があるといいますが，いったいいくつ覚えたらいいのでしょう。全部覚えた子を褒めてあげるのは悪いことではないでしょう。

　しかし，この文脈で気をつけておかなければならないのは，私たちは覚えた国名を競うというゲームに興じている間に，知らず知らずのうちに国家というものが世界の基本的な単位だということを刷り込まれてしまっていることです。言い換えれば，国名を覚えると見せかけて，実は国家が所与のもの・絶対的なものとしてたたき込まれているともいえます。国名を覚えても覚えられなくても，いずれにしても国家という枠組みが基本にあるのだということは認識させられます。覚えた数よりも本当はこちらのほうが重要な意味を持っているのです。すなわち（近代）国家を中心にした世界観です。

2　小学生に伝えたい地理のテーマ

地理的世界観

　さて，ここまで近代国家と地理教育の話をしてきました。近代の学校における地理教育は，近代国家が必要とする世界観や価値観（例えば市民や民主主義やそもそもの近代国家とは，などといった）を次世代に伝えていくといった役割を担っていたのです。では，そうした世界観を伝える役割は地理学とか地理といわれるものが本来的に持っていたものなのでしょうか。それとも近代国家の枠組みの中で付与された役割なのでしょうか。また，そもそもここでいう世界観とはなんでしょう。次に，こうした話を通じて「私たちは地理の授業でなにを教えるのか／教えていくのか」について考えてみたいと思います。

　まずは世界観について考えるための簡単なエピソードを一つ。「1492 年，コロンブスがアメリカ発見」というフレーズはよく耳にします。それならば，「1543 年，ポルトガル人が種子島漂着」というのはどうでしょう。これもよく聞くフレーズです。ではこの 2 つのフレーズを並べてなにか気がつきませんか。どうして，「コロンブスがアメリカ漂着」と言わないのでしょう。どうして「ポルトガル人が種子島発見」と言わないのでしょうか。気がついてほしいのはこんなところにも世界観が隠されて

いるということです。

世界を描く

　世界観の話をするためには，地理学の歴史を振り返ってみる必要があります。地理学は非常に古い歴史を持っています。よく引き合いに出されるのが紀元前600〜500年ころのものとされる古代バビロニアの粘土板に描かれた地図（**写真1**）です。この粘土板には自らの都市バビロンとそこに流れるユーフラテス川，近隣の都市，周囲の山やペルシア湾が描かれています。これは当時のバビロニアに暮らした人が自分たちの暮らす世界を描いた地図です。その後，地図作成技術や技法は発達し，こんにち，私たちが手にするような広範で詳細な地図が作られるようになります。しかし，地図の本質的な部分はなにも変わっていません。私たちの暮らしている世界を描くという点において，古代バビロニアの地図も現代の地図も同じだからです。

写真1　バビロニアの地図

　このように，「自分たちの暮らす世界を描く」ことが地図・地理学の大きな役割の一つでした。ＴＯマップ（**写真2**）というものを知っていますか。中世ヨーロッパで使われた地図です。この地図は非常に単純な形をしていて，真ん中にエルサレムが

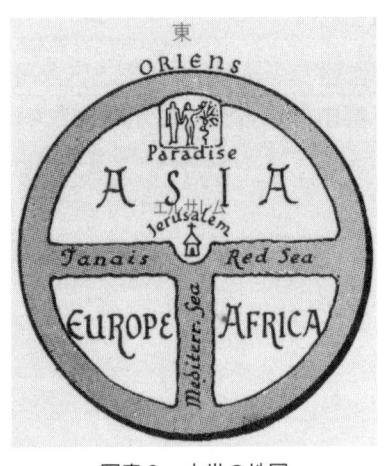

写真2　中世の地図

描かれ，それを取り巻くようにアジアとヨーロッパとアフリカが描かれています。稚拙でおかしな形の地図だと思うかもしれません。しかし，地図の持つ重要な意味の一つは，「自分たちの暮らす世界を描く」すなわち，地図を使う人の世界観を示している点にあります。世界の中心がエルサレムであることを象徴的に描くことで，TOマップは中世のヨーロッパの世界観を端的に示した地図ということができます[*]。おそらく，日常的に長距離を移動することがなく，地中海を越えて旅することもきわめて少なかった中世ヨーロッパの普通の人たちにとって，自分たちの暮らしている世界の全体像をイメージするうえでTOマップは十分なものだったのではないでしょうか。少なくとも，ヨーロッパ中世のキリスト教世界観を構築，再生産するうえでは少なからぬ役割を果たしてきたと言ってもいいでしょう。

　もちろん，いまは状況が違います。日常的に長距離を移動し，自らの足で見知らぬ土地を訪れる機会も格段に増えました。そうした中で要求される地図はより広い範囲をカバーし，かつ，

---

*わが国にも仏教的世界観を示した須弥山図というものがあります。

より正確なものでなくてはなりません。このように時代に応じて必要とする情報が変わってきますし,それはその時代の地図に反映されなければなりません。

では,現代においてはどのような地図,世界観が必要とされているのでしょう。それがこの本の主題でもあります。重要なことは,地理学は,地図を通じて世界を描いてきた,言い換えれば世界観を描いてきたということです。この点,すなわち「自分たちの暮らす世界をどのように認識するのか」ということは,いまも変わらず重要な地理学のテーマです。それゆえ,どのような世界認識を育成させようとするのかは,地理教育において最も留意しないといけないことといえます。

地理的情報の収集

さて,地理学の果たしてきた役割はそれだけではありません。「見知らぬ土地へ旅して,見知らぬ土地の情報をもたらした人が最初の地理学者だった」と言われます。すなわち,未知の場所の地理的情報の収集です。小学生のころ,親から行ってはいけないと言われた大通りの向こうや橋の向こうには,いったいどんな世界があるのだろう,と思いをはせた経験はないでしょうか。こうした幼い日の思い出の延長上に,見知らぬ土地の情報の獲得という地理学の一側面を重ね合わすこともできます。

ただし,ここで注意してもらいたいのは地理的情報の収集という活動が,純粋に幼い日の好奇心の延長では語れないということです。たしかにその長い歴史の中で,地理学は地理的情報の収集と分析という点において,多大なる役割を果たしてきま

した。しかし，それは決して好奇心を満たすためではなかったのです。先のコロンブスの話に戻りますが，コロンブスは好奇心でアメリカ大陸を発見したのでしょうか。私はコロンブスと会ったことがないので彼の心の中は知りませんが，忘れないでほしいのは，コロンブスにアメリカ大陸を発見せしめたものがいるということです。コロンブスに援助をしたのはスペインのイザベルⅠ世であったといわれていますが，この航海は好奇心を満たす航海ではなく，大きな利害の関係した航海だったのです。

　それは植民地獲得という利害です。植民地を獲得し経営するためには地理的情報は極めて重要です。その土地までどうやって行くのか，その土地は広いのか，狭いのか，どんな作物が作れるのか，どんな森林資源があるのか，どんな地下資源があるのか，どんな人間が住んでいるのかいないのか……などなど，植民地経営・植民地支配にはあらゆる情報が必要です。地理的情報の収集という行為はこうした意図の裏返しであったともいえます。

　くりかえしになりますが，その長い歴史の中で地理学が果たしてきた地理的情報の収集という役割は，好奇心を満たすという純粋で素朴な文脈ばかりではとらえられません。地理的情報の収集は時の支配者，権力者と密接に結びついていたのです。植民地の発見・獲得・支配だけではありません。古来，地理的情報の収集とその分析は，支配勢力が支配を確立・維持するために注力してきたことです。

　現代に伝えられる地誌書の多くもこの文脈で編纂されてきたものがほとんどです。「出雲国風土記」は当時を知る貴重な歴

史資料かもしれませんが，それは現在の話です。風土記が編纂された当時を想像してみてください。だれがどういう意図の下に編纂したかを。同様に，伊能忠敬の作った日本地図も幕府にとってはまさに秘伝の地図であり，地図を持ち出すことは固く禁じられていたことを考えてみてください。また，領土や植民地の支配・経営だけではなく，ほかの勢力との戦争に際しても地理的情報は非常に重要な役割を果たしました。

例えば，ここからあそこまで軍隊は移動できるのか，移動にはどのくらいの日数がかかるのか，途中で補給は可能なのか，敵が部隊を隠せる地形はあるのか……などなどです。こうした情報を敵に先んじて知ること，あるいはそれを占有することは戦争を進めるうえで決定的な情報となります。このため一枚の地図をめぐって多くの血が流されたことは歴史上何度となく起こったことです。

このように，時の支配勢力は地理的情報を収集し，それを分析し，自らの支配のために役立ててきたのです。地理学の長い歴史もそうした支配勢力との関わりの中で培われてきたものと言っても過言ではありません。コロンブスの航海も，バスコ・ダ・ガマの航海も，マゼランの航海も，リビングストンのアフリカ探検も，ヤングハズバンドのヒマラヤ探検も，スコットの南極探検も，それは単純な英雄伝ではなくて，背景に帝国の息づかいの聞こえる植民地支配の最前線だったのです。

このようにして世界地図の空白は埋められていきました。しかし，それは同時に植民地支配の完成だったともいえます。その過程で，地理学は支配勢力にとってはなくてはならぬ役割を果たしてきたといえます。同時に支配勢力は多大なる人材と費

用を地理学に投入してきたのです。また，支配勢力にとってそれはそれだけの価値のあることでした。現在アメリカ軍が膨大な資金をつぎ込んで人工衛星に望遠鏡を積み込み，世界中をくまなく撮影して詳細な地図を作成しているのもこのためです。

近代地理学

　さて，このようにして世界地図の空白が埋められ，植民地が世界中に広がると，地理学は新しい段階をむかえます。世界中が発見されてしまうと，それまでの探検の役割がなくなってしまうからです。すなわち，すべての地表上が未知ではなくなったからです。これでは探検隊を送り込む余地がありません（その後も，探検隊は一部の極地や深海，そして宇宙へと送り込まれていきます）。また，植民地を獲得する余地もありません（その後，植民地の新規獲得ができなくなった帝国は，帝国同士で植民地の奪い合いをする世界大戦へと進んでいきます）。

　そうした中で，地理的情報の収集という地理学の役割も修正せざるを得なくなります。未知の地がなくなった状況で未知の地の地理的情報は集められないからです。

　状況は変わりました。想像してみてください。いまではだれでも持っている世界地図を，500年前のコロンブスに見せたらどうでしょう。想像してみてください。いまはだれでも知っている中東に石油資源がたくさんあるという地理的情報を，100年前に知っていたらどうでしょう。あなたは大金持ちになっていたはずです。このように世界中の地理的情報が集められるようになると，かつては非常に重要だった地理的情報が次の世の

中では急速に陳腐化することが起こります。

　それでは、地理学の役割も急速に陳腐化したのでしょうか。地理学はそれまでの「どこになにがあるのか」という地理的情報の収集に主眼をおくスタイルから、「なぜそこにはそれがあるのか」というメカニズムの解明を目指すいわゆる「近代」地理学へとスタイルを変えていきます。これまでのように、「この山の向こうにはなにがあるのか」に答える地理学ではなく、「この山はどうしてできたのか、なぜこんなに高いのか」に答える地理学に変わっていきます。もちろん山だけでなく、「なぜここではこんな川が流れているのか」「なぜここにはこんな人たちが住んでいるのか」「なぜここではこんな農業が営まれているのか」などなど、地理的事象のメカニズムを解明することを地理学者が論じはじめます。未知の地理的事象のメカニズムを解明するということで、再び埋めるべき広大な空白の世界地図が広がったのです。

　それは、観察—仮説—検定—検証といういわゆる近代の科学的方法を踏襲するものとされ、その論理実証の精緻化が図られました。その過程で、地理学はいくつもの専門領域に細分化されてきます。大きく分けると「人文地理学」や「自然地理学」というものです。前者はさらに「経済地理学」や「文化地理学」、「政治地理学」、「都市地理学」などに細分化され、後者はさらに「地形学」や「気候学」、「水文地理学」、「動物地理学」などに細分化されます。このように系統立って細かな分野に取り組むスタイルを系統地理学といいます。

　この系統地理学はいわゆるアカデミックな地理学の中心におかれるようになります。そうなるまでにはもちろんたくさんの

議論がありました。それまで千年の時を超えて培われた地理的情報の収集とその記述という従来までの地理学が、いっぺんになくなってしまうはずはありません。しかし、「近代科学の進歩」に裏打ちされたアカデミック社会の中では、こうした系統地理学研究は時代の必然だったのかもしれません。

実験室を使う科学的方法において、メカニズムを解明していくためには、不必要な要素はなるべくそぎ落とします。そうして得られた「純粋な状況（実験室）」の中でその事象の原理、原則、本来的な姿……を見つけ出そうとします。そうした潮流の中で、「人文事象を扱う際には、自然事象はとりあえず除外しておいて」や、「経済的事象を扱う際には文化的事象はとりあえず除外しておいて」という枠組みを有する系統地理学はすっきり当てはまるのです[*]。

地理学と地理教育

さて、これまでに示した3つの点を地理教育との関係で整理してみましょう。一つは「世界観を描く」こと、もう一つは「（未知なる）地理的情報の収集」ということ、おしまいに「地

---

[*] ここで、ちょっとだけ付け加えておきます。しかし本当に、文化的事象を除外して経済的事象が語れるのでしょうか。自然事象を除外して人文事象を語れるのでしょうか。こうした細分化され、専門化することで進歩を遂げたとする近代科学的手法が再検討されています。その際、従来の地理学が有していた地理的情報を網羅するようなやり方を見直してみる価値があるのかもしれません。

理的事象のメカニズムの解明」です。学校で教えられてきた地理学もこの3つに分けることができます。しかし，これらがどこでどう教えられてきたのかというと，決して同様に扱われてきたわけではありません。

地理の学校教育には大きくエリート教育の地理学と国民教育の地理学があったといえます。エリート教育の地理学とは，将来国家や支配勢力の中枢を担う人材を養成するものです。そこでは，高度な地理的情報を収集するための最新の測量術や組織的な地域調査の方法が教授されました。また，領土や植民地を有効に支配・経営し，いざ戦争が起こったときに的確な戦略を展開するために地理的情報の処理の仕方が研究・教育されたのもこの場所です。

また，そのための秘密の地図や地理的情報を閲覧・使用できたのも彼らだけでした。こうした地理学のエリート教育を施すことで，将来，国家（あるいは支配勢力）の帰趨にかかわる地理的情報の収集・分析を担う人材を育成したのです。イギリスの植民地獲得の先陣を切った探検隊や，軍隊を率いた多くも，そうしたエリートの地理教育を受けた人でしたし，江戸時代に伊能忠敬の地図を見ることができたのも一握りのエリートだけだったわけです。系統地理学もこの文脈で理解することができます。より精緻な地理的情報の分析を行い，有効な経営や計画を練り上げていくためには，系統地理学的な専門化した能力が要求されるからです。

一方でこれらのエリート地理教育がひろく共有されたわけではありません。普通の人々がこれら高度な地理的情報に触れることも，それらを操作する方法を体得することもありませんで

した。おそらく日々の暮らしの中でその必要を感じることもなかったでしょう。その代わりに教えられたのが，市民教育あるいは国民教育としての地理学です。前節で説明したように，近代国家を形成し再生産していく過程で，自らの国家像と国家を中心にした世界観を次世代に伝えていくために，地理学は重要な役割を果たしてきました。もちろん，これは近代国家の文脈でのみ語られるものではありません。キリスト教的世界観を示すために使われた中世ヨーロッパのＴＯマップを思い出してください。世界観を教える文脈ではこれらは同じことだといえます。

　小学校から高等学校までの学校の地理教育において，明治の学制以降教えられ続けてきたのは，基本的には「世界観を描く」内容だったといえます。「高度な地理的情報の収集とその分析のための近代地理学」が教えられたのは，帝国大学をはじめとする一部のエリート養成機関だったわけで，小学校や中学校でそうした内容を中心に教えられてきたわけではありませんでした*。むしろ，この文脈では，エリートのための地理教育よりも国民のための地理教育という視点こそが，いまの学校教育における地理教育に求められる視点でもあります。そして小学校における地理教育は，その基礎中の基礎を教えはじめると

---

*近年，高校までの地理教育はそれまでの地誌中心の教え方から系統地理中心の教え方にと大きく舵をきったことを付記しておきます。この本ではこの点について論じることはしませんが，これをどう評価するかはこの本の内容も踏まえて，是非読者の皆さんにも考えていただければと思います。

いう点においてその最先端に位置しているといえます。

私たちが伝えるべき世界観とは？

さて，地理学の長い歴史とその果たしてきた役割を振り返ってきましたが，私たちはどのような世界観を次の世代に伝えようとしているのでしょう。いま，私たちの暮らしている世界の状況の中で，どのような世界観を次の世代に伝えればよいのでしょう。もちろん，バビロニアの粘土板に重ねていまのイラクを見ようとか，ＴＯマップに重ねてヨーロッパ旅行の計画を練ろうなどということは，らちの明かないことです。求められるのは今日の世界を正しく認識するする力であり，それを可能にする地図であり，地理的情報であるといえます。

では，なにが正しい世界認識（世界観）なのでしょうか。これは非常に難しい問題です。ＴＯマップは確かにおかしな形をしていますが，中世ヨーロッパではこれを世界として認識してきました。ＴＯマップを笑う前に問い直してください。私たちも，これと同じ世界の見方をしていないでしょうか。一例はすでに国名暗記のトリックで示しましたが，気がつかないだけでまだまだ多くのＴＯマップを私たちは使っているのかもしれません。正しく世界を認識するためには，常に間違ってはいないかと問い続ける必要があるのでしょう。あるいはそもそも正しい世界認識などできないのかもしれません。いろいろな考え方を持つ人々が暮らすこの世界で，たった一つしかない正しいものを得ることはできないのかもしれません。たった一つしかない正しさ，それはヨーロッパ近代科学が神に代わるものとして

求め続けてきたものともいえますが，もうそれに対してそんなに固執しなくてもいいのかもしれません。

むしろ，子どもたちに教えてもらいたい世界認識とはそういうことです。私たちの暮らしている世界が広く，多様性に満ちあふれていることです。それは人間の社会や暮らしの多様性だけではありません。自然環境の多様性でもあり，その自然環境とかかわっている人間の暮らしの多様性でもあります。

そして，願わくはこの多様な世界へ一歩を踏み出してもらいたいと思います。自分の暮らしている一番身近なところでいいのです。その場所のことをもっと知ってください。調べてみてください。世界につながっている多様性の一端を体験できるはずです。この世界認識は，言い換えれば「私たちの暮らしている世界の広がりと多様性について認識を深めること」「人間と自然環境の関係について考えてみること」「自分の暮らしている（狭い）場所についてもっと知ること」と整理することができます。

さて，もう一度，私たちはなにを教えるのでしょう。

子どもたちに伝えてもらいたいことは，世界を世界として多様なままにみることだと，私たちは考えます。それは簡単なことではありません。大きくなればなるほどに，私たちはいつしか知らないままに何らかの価値観を身につけるからです。過去を振り返るのと同じように，いま私たちの暮らしている世界も振り返らなければなりません。王様の国を相対化するように，近代や，市民や，国家や，科学や，民主主義までを相対化しな

ければなりません。

　ある価値観の中に生きる私たちにとってそれは簡単ではありません。しかし，地理学者たちはどこにも中心のない丸い地球を平らな紙の上に描くための世界図法とたくさんの注意書きを作りました。たしかに，平面の上では丸い姿をそのままには再現できませんが，その注意書きを理解することによって，より正確な形で丸い地球を想像することはできます。同じやり方で，私たちは多様な世界を多様なままに理解することはできないでしょうか。できないまでもその努力を続けることはできるはずです。

Hint 1

授業に役立つ参考資料

地理教育に関わる参考文献はいろいろありますが，例えば，授業実践（理論）の紹介，教材プリント集，地図に関わる読み物，地名に関わる読み物などがあげられます。このほかにも図鑑類，学習参考書などもあります。

授業実践（理論）の紹介

◆寺本潔ほか（1997）『**地理の教え方**』古今書院
◆秋本弘章ほか（1999）『**魅力ある地理教育**』二宮書店
◆寺本潔（2002）『**社会科の基礎・基本，地図の学力**』明治図書
◆吉田和義（2004）『**地理学習を面白くする授業アイデア**』明治図書

これらは，先輩教員が自分のテクニックを紹介したもので，学ぶ点も多くあります。このような文献は「速効」という意味では役に立たないかもしれません。けれども授業を行う地理教員としての，最小限の心構えを確認する意味ではぜひ読んでほしいと思います。

教材プリント集など

◆北俊夫編（2003）『**地図でつける基本学力・すぐに使えるオモシロ活動・FAX集**』明治図書

◆北俊夫編著(2004)『すぐ使える10分間パーツ・社会科朝の学習新ドリル840』明治図書
◆向山洋一監修,師尾喜代子編(2004)『新版・社会科学習用語まとめくん』明治図書

「すぐに役立つ」という点で教員には人気があります。これらの「既製品」を参考に,地元・地域に根ざした地理教材の開発をめざしてください。

地図に関わる読み物

◆立正大学マップの会(1997)『**地図通になる本**』オーエス出版社
◆ロム・インターナショナル編(1997)『**世界地図の楽しい読み方**』河出書房新社
◆日能研(1998)『**ドラえもんの社会科おもしろ攻略・地図がよくわかる**』小学館
◆ハイパープレス(1999)『**地図はこんなにおもしろい**』PHP文庫
◆今尾恵介(2002)『**地図を楽しむ・なるほど辞典**』実業之日本社

「地図」に苦手意識を持つ教員も多いですが,これらは楽しみながら「地図好き」になれる良書です。まず教員自身が苦手意識を克服してください。

[地名に関わる読み物]

◆牧英夫（1989）『**世界地名ルーツ辞典**』創拓社
◆蟻川明男（1990）『**コンパクト世界地名語源辞典**』古今書院
◆辻原康夫（1999）『**世界の地名雑学辞典**』日本実業出版社
◆21世紀研究会編（2000）『**地名の世界地図**』文藝春秋
◆世界博学倶楽部（2002）『**世界の地名なるほど雑学辞典**』PHP文庫

「地名」に関わる知識は一見雑学のようで低く見られがちですが，実は大変奥が深く歴史や文化などの「物語」を持っています。このような地名に関する知識を増やすことは地理教員にとっても，自分自身の教養を深める意味で重要です。

[その他]

月刊雑誌である『**地理**』（古今書院）や，『**ナショナル・ジオグラフィック日本語版**』（日経ナショナル・ジオグラフィック社）などは，常に新しい話題の宝庫。地理を教える人には定期購読をすすめます。

全国レベルの地理教育関係の学会・研究会には，日本地理教育学会，地理教育研究会，全国地理教育研究会などがあります。また，地方単位・都道府県レベルの小中高の地理教員が中心の研究会なども情報交換の場・ネットワークとしても重要です。ぜひホームページを参考に入会してください。

〔西岡尚也〕

# 第2章

なにを伝える?
―地理的思考のエッセンス

私たちは，広く多様性に満ちた世界に暮らしています。そして，それは日々刻々と変化し，ある場所で起こった出来事がすぐに他の場所に影響を及ぼすという世界です。この章では，子どもたちにこうした世界のようすを理解してもらうために，私たちが何を伝えたらよいのかについて考えます。

第1章 地理ってなに？

第2章 なにを伝える？

第3章 どう伝える？

1 地域理解のために

地名は覚えなくてはいけないの？

「地理」はよく暗記科目といわれてきました。小学生の時に，白地図に色を塗ったり，地図中の空欄を埋めるなどして日本の主要な山地・山脈・河川・平野の名前を学習したり，都道府県名・県庁所在地を覚えたりしたみなさんも多いと思います。地名だけでなく各地の主要産業や産物を次々と覚え，最後には各種統計の順位や数値まで暗記した経験のあるみなさんもいるのではないでしょうか。

小さいころから，地図が好きだという子どもや，何でも覚えるのが楽しいといった子どもであっても，なぜこうした学習をするかについて十分納得できる説明を受けずに学習が繰り返されていくと，覚えることが際限なく増えていくように感じられ，無力感とともに，次第に「地理」の学習に意欲が持てなくなってしまいます。

ところで，なぜ地名などの知識が重要なのでしょうか。

このことについて，小学校段階で覚えておくべき地名などの知識は中学校や高等学校で学習する内容の基礎となるものであるから，知的好奇心が旺盛で，無味乾燥と思われる知識でも反復練習してしっかり習得できる段階にある小学生の時期に，確

実に習得させておくべきだという主張があります。基本中の基本として重要視され，何度も反復し定着するように学習が進められる国語での漢字学習や，算数での掛け算の九九の学習と同じだというのです。しかし，少し考えれば，漢字や九九などの知識と地名などの知識の違いに気づくことができます。なぜなら，漢字は文章を読んだり書いたりする際の重要な道具となりますし，九九もさまざまな算数の問題を解くための重要な道具となります。これに対して地名などの知識は，あることをするのに不可欠な道具としての意味合いは薄く，それを知らないと次の学習段階に進めないものではありません。

　理科では，植物や昆虫の名前を端から教えていくことをしないかわりに，植物や昆虫のからだのつくりや成長の過程を教えます。植物や昆虫の名前は必要に応じて図鑑などで調べればよいとされます。地名などの知識も本来は，必要なときに適切な方法で調べて確認できればよいのではないでしょうか。すでに述べたように，「地理」で子どもたちに本当に教えてもらいたいものは，私たちの暮らしている世界の広がりと多様性なのです。そして，子どもたちには，自分の暮らしている場所についてもっと知り，世界の広がりと多様性について認識を深め，人間と自然環境の関係について考えてもらいたいのです。

　ところで，「自分の暮らしている場所について知る」「私たちの暮らしている世界の広がりと多様性について認識を深める」「人間と自然環境の関係について考えてみる」際に共通して重要なことは，適切な地域のイメージを持つことです。チューリップといわれればその植物の姿を，バッタといわれればその昆虫の姿をイメージし，その特徴を思い浮かべることができる

ように、北海道といわれれば北海道のようすを、九州といわれれば九州のようすをイメージできることが大切なのです。こうして、獲得した地域のイメージをもとにして、私たちはそれぞれの地域と関わっていくのです。そしてまた、その関わりの中で、獲得した地域のイメージを修正し精緻化していくのです。

　その際、私たちがチューリップという名前によってチューリップを認識し、その姿をイメージできるように、北海道という地名によって北海道のようすをイメージするのですから、地域のイメージをもつためには地名は不可欠です。そういう意味では地名の知識はきわめて重要なのです。

　ただ、気をつけておくべきことは、単なる基礎的知識として地名を習得するのではなく、適切な地域のイメージを獲得することが重要で、その過程の中で地域イメージやその構成要素につけられた名札のようなものとして地名が認識されていくことが大切なのだということです。

「地理」を教えるときの４大ポイント

　子どもに「地理」を教える際に常に気を配ってもらいたい重要なポイントが４つあります。

ポイント１●対象に対する子どもの認識を注意深く確認すること

　私たちは、ともすると同じ場所は誰からも同じように認識されていると考えがちですが、実は必ずしもそうではありません。ある通りにスーパーマーケット、クリーニング店、寝具店、パ

ン屋,写真店,自転車店が順にならんでいるとします。物理的にはこれらの店の配列は変わらないのですが,毎日その通りを通っていても,「えっ,その通りに寝具店なんてあったかしら」という人や,「その通りに写真店なんてないですよ」という人など,いくつかの店の存在を意識していない人もいるのです。

また,ある場所を断片的な写真のような画像で認識している人もあれば,地図的なイメージで認識している人もあり,地図的なイメージで認識している人の間でもそれぞれのイメージに多様性があるといわれています。

こうしたことは,メンタルマップ研究という地理学の分野で明らかにされているのですが,場所への認識は人それぞれによって異なっているものなのです。そして,大人と子どもではこうした認識にもだいぶ違いがあることが知られています。このように,大人があたりまえに考えていることが時には子どもにとってはあたりまえではないことや,子どもが大人と異なる方法で対象を認識していることには,是非とも気をつけておいてもらいたいと思います。

ポイント2●地図を利用し,さまざまな面的な広がりの中で地域をみること

面的な広がりの中で地域をみることは,鳥の目から地域をイメージすることと似ています。私たちは日ごろ,地上で生活していますのでほとんどの場合,地上の一地点で自分の目の高さから周りを見ているのです。ですから,自分の目の高さより高い障害物が視線をさえぎると,その向こうがどうなっているのかは,すぐには分かりません。しかし,上空を飛ぶ鳥の目から

見ると，地上で私たちの視線をさえぎっていた障害物はもはや視線をさえぎることはなく，地上の一地点はそのまわりの面的な広がりの中で位置づけられることになります。

このように面的な広がりの中で地域をみることは非常に有用な技能です。しかし，実際に上空を飛行してその場所をみていないのにもかかわらず，鳥の目から見たような地域をイメージするためにはある程度の訓練が必要です。それに最も適しているのが，地図の利用です。なぜなら，地図は一般に，鳥の視点に近いイメージで上空からとらえた地域のようすを表現しているからです。こうして面的な広がりを理解すると，その中でさまざまな事象の位置や位置関係を確認し，それらの特徴を考えることができるようになるのです。

ここで再び鳥の目を意識してください。高いところを飛んでいる鳥は，細部は小さくなっていますが広いところが見えているでしょう。また，低いところを飛んでいる鳥は狭いところがより詳細に見えているでしょう。つまり，地域をみるときに，どの高さで飛ぶか，すなわち，どの広さでその面的広がりをとらえるかによって，視野に入るものや注目するものが異なってくるのです。このように，さまざまな広がり（これを専門的には地域スケールといいます）の中で地域をとらえること，そして，それぞれの広がりに応じて確認できる事象に違いがあることを認識していることが，実は地域を理解するうえで非常に重要なポイントなのです。

ポイント3 ●比較と変化の視点を持つこと

地域の特徴を理解する際には比較の視点が不可欠です。なぜ

なら，ものごとはそればかりをいくら詳しく見ていてもその特徴を確認することは容易ではないのですが，ほかのものと比較すると，意外とたやすく他とはっきり区別できる特徴を見つけ出せるからです。

「地理」における有用な比較の視点には，**地域間の比較**と**事象間の比較**があります。

地域間の比較とは，さまざまな事象や地域の特色が，他の場所でも同じようにみられるのかどうか，地域どうしを比較して確認することです。たとえば，ある小学校の近くに文房具店があったとすると，他の小学校の近くにも文房具店があるのかを確認する，自分の家の周りの土地利用を，友人の家の周りの土地利用と比べてみるなどがこれにあたります。

事象間の比較とは，観察した事象の特徴が他の事象でも同じようにみられるのかを，事象どうしの比較によって確認することです。ある地域の中で，コンビニエンスストアのある場所の特徴と大型スーパーのある場所の特徴を比べてみる，A社の自動販売機の分布とB社の自動販売機の分布を比べてみるなどがこれにあたります。

こうした比較の視点によって，はじめて，ある地域や事象の特徴を特殊性と一般性の二面から確認することが可能となります。

変化の視点とは，ある地域や事象について確認された事柄が，時間の経過にともなってどう変わったのかを確認することです。たとえば，学校の周りの土地利用は10年前と変化があったのか，農業用水路の水量は夏と冬で変化があるのかなどを確認するのです。もちろんこうした変化を見る場合，変化をとらえよ

うとする時間の間隔は、地域のようす、対象となる事象の特徴、観察者の方針によって、1時間、1日、1月、1年、5年、10年……などと任意に変えることができます。「地理」では主に現在の事象を扱いますが、変化の視点を取り入れることによって、どうして現在のようになってきたのかといった理由を考察したり、将来どのようになるのかといった予測をすることが可能となります。

ポイント4 ●地域をつくるしくみと地域を支える人びとの活動に注目すること

　ある地域にはさまざまな事象が存在しており、それらの事象が総体となって地域を形成しています。地域をつくるしくみに注目することとは、そうしたさまざまな事象が**なぜそこにそのように存在しているのか**を考えることです。その際、まず、位置や自然環境といった、その場所の特徴について目を向けてみる。そして、次にはその事象の存在に関わる人びとの活動に注目してみるとよいでしょう。

　たとえば、ある場所がなぜ水田になっているのかを考える場合、まず、その水田の位置、地形上の特色や灌漑設備との関係、その場所の気候などからなぜそこが水田となっているのかを考えます。すると、たとえば、「平野の中央部にあり、水量の豊富な河川から引かれた用水路が整備されており、温暖かつ生育に十分な降水量があり、夏期の日照時間も長いといった米づくりに適した環境下におかれているのでそこが水田になっている」と説明できます。

　しかしながら、米づくりに適した環境下であればどこでも水

田になっているかというとそうではありません。そこでさらに，そこがなぜ水田になっているのかを追究していくと，その水田で米を生産する人の存在について注目する必要が出てきます。なぜなら，直接的には，ある人がその場所を水田として利用しようとしていることがその場所が水田となっている最大の理由だからです。しかし，ある人がそうしようと考えたからとだけ説明するのでは極めて表面的です。なぜ，その人がその場所を水田として利用しようと考えたのかについてさらに説明を加えて，「その人はその土地を所有し，農業を専業で営んでいる。そして，その土地は自然条件に恵まれていることもあり，良質の米が生産できることから，代々，水田として利用されてきている。このため，現在でも，収益の増大に役立つとの判断の下でその場所を水田として利用している」とするとより説得力のある説明となるのです。

こうした地域をつくるしくみと地域を支える人びとの活動に注目することは適切な地域イメージを獲得するためには重要なことです。

以上の4つのポイントは，「自分の暮らしている場所について知る」「私たちの暮らしている世界の広がりと多様性について認識を深める」「人間と自然環境の関係について考えてみる」という，小学校で子どもが習う地理的な内容すべてに共通して重要です。以下では，そのことを，現在の小学校の地理的分野の内容「身近な地域」「産業と国土」「国土と環境」の学習に対応させながら少し詳しくみていきたいと思います。

「身近な地域」の学習の大切さ

　身近な地域の学習はなかなか難しいものです。なぜなら，子どもの住む地域は都心部，郊外住宅団地，農村，漁村など様々で，それぞれの地域のようすは千差万別だからです。また，教員も子どもも身近な地域のことをよく知らない場合が多くあります。公立学校では，教員が一つの学校で教えるのは数年で，教えている学校の校区内に居住していないことが多いため，教員が校区内について土地勘を持ちにくくなっています。そうした教員が地域のようすを知るために地域内を歩こうとしても，放課後のわずかな時間をそれに当てるか休日を返上することになり，よほどの気持ちがなければ簡単に取り組めるものではありません。大変だから特別な学習活動はやめておこうということになりがちです。

　また，子どもの日常生活圏は多くの場合，自宅周辺，学校までの通学路，学校周辺，公園・友達の家周辺などに限られます。都市部では，特に子どもの就学前の転居もかなりみられるので，まだ数年しか校区内での居住経験がない子どももいるばかりか，子どもの保護者も校区内に土地勘がない例も少なくありません。

　こうした場合，家庭内で保護者から子どもへ，自宅の近隣や校区内のようすについての情報が伝えられる機会はかなり少ないといえます。私立学校の場合は，広範囲から子どもが通学してきており，普段の子どもの生活からすると，子どもにとって，もともと身近ではないところに学校があることの方が多いぐらいです。

　さらに，さまざまな危険を避けるため，知らないところに子

どもだけで行かないようにと子どもが注意されることも多くなっています。「知らないところに行ってみたいという子どもたちの知的好奇心を大事に育てていくためには多少の危険はともなうのだ」などという言葉は，小学生の子どもの保護者や子どもたちをあずかる教員にとっては部外者の無責任な言葉にしか聞こえないかもしれません。

　以上のような状況を知りつつ，しかしあえてここで身近な地域の学習の重要性を強調したいと思います。なぜなら，身近な地域の学習は，野外に出て実際にそこにある物を見たり，そこで生活する人の話を聞いたりして，その場所で学び，考える貴重な学習経験をする本当に数少ない機会だからです。これはまた，地域をとらえるポイントや方法を具体的に学び，おもしろさを実体験する機会でもあります。だからこそ，どうか，大変で負担が多いという気持ちを乗り越えて，身近な地域の学習に取り組んでいただきたいのです。

「身近な地域」学習のてがかり

　身近な地域の学習をするにあたって，校区内などの対象地域について土地勘がなく事前準備にも十分な時間がない場合，まず，子どもと一緒に地域のようすについて学ぼうというくらいの気持ちで学習活動を始めてはどうでしょう。この場合，教員があらかじめ子どもたち以上に対象地域についての知識を持っていなければならないと考えることはありません。子どもたちの学習活動をコーディネートすることで，教員も自ら地域のことについて学び，知識を得てゆけばよいのです。もちろん，一

度このような学習活動を実践すれば，再度同じ地域で学習活動を展開する際には，それまでの学習活動で得られた知識や土地勘が利用できますし，別の場所においても類似の学習が展開できる可能性もあります。そして，こうした身近な地域の学習を繰り返していくと，身近な地域の学習を指導するためのノウハウが自ずと蓄積されていくことになるのです。

　身近な地域の学習では，「地理」を教えるときの**ポイント１●対象に対する子どもの認識について注意深く確認すること**が特に重要です。一般に，子どもが地域のようすを十分に認識していない理由として，行動範囲が大人と比べて狭いことがあげられます。けれども，子どもが日常の行動範囲の中で慣れ親しんでいる地域においても，大人が当たり前に考えている地域のようすを子どもは十分に認識していないこともありますし，逆に大人が気のつかないような地域の特徴に子どもは気づいていたりするのです。まず，子どものこうした地域認識に目を向けてみると身近な地域を学習するてがかりが見えてきます。

　しかし，教員が対象地域に全く土地勘がない場合は，子どもが知っているものや見ているものが何なのか十分理解できないことになりますから，教員は，学習の対象となる地域を歩いて，子どもたちが見たものを確認したり，また，自分自身が注目すべきだと感じるものを探し出したりすることが，どうしても必要となるでしょう。30分でも１時間でも対象地域を歩いてみてください。ゆっくり歩いてみると普段は気がつかなかったことや意外と面白いものが見つけられるものです。それらをてがかりにして「最寄りの商店街について調べる」，「身近な地域の自然について調べる」などの具体的なテーマを設定すること も

できます。

　身近な地域の学習では，自分の目の前にある現実の地域と地図を見比べることにより，地図の有用性を確認できるメリットがあります。子どもたちが実際に目にしている身近な地域の道路，線路，建物などがどのように地図上で表現されているのかを認識し，現実の世界にあるものの位置を地図中で確認できるようになると，今度は子どもたちが，自分が見たものの位置を地図に示された諸事象の位置関係に基づいて地図に示すことができるようになります。これが，**ポイント２●地図を利用し，さまざまな面的な広がりの中で地域をみる**ための基礎となるのです。

　ポイント３●比較と変化の視点を持つことは，ある事象がなぜそこにあるのかを理解する上で大切なてがかりとなります。たとえば，商店街について調べる際に，地域間の比較の視点からは，商店街にある店舗の種類や数などを他の商店街と比較することができます。これによって商店街の性格や規模の違いが分かると，そうした違いを生む要因として集客範囲（商圏）の違いといった空間構造にまで考えが及ぶこともあります。

　事象間の比較の視点からは，商店と工場の分布を比較し，商店の立地する場所の特徴をはっきりさせることができます。また，変化の視点からは，商店でのインタビューや古い住宅地図などを利用して，商店街にある店の変化や，商業をとりまく環境の変化を理解することができるでしょう。

　ポイント４●地域をつくるしくみと地域を支える人びとの活動に注目することのうち，身近な地域の学習では，地域を支える人びとの活動を生で見られる利点があります。身近な地域で

生活するさまざまな人びとのようすを具体的に知り，それらの人びとの働きにより私たちの生活が支えられていることを実感できる機会は思いのほか少ないものです。

また，あわせて重要なことは，子どもじしんが自分も地域の一員であると認識することや，身近な地域をよりよくしようという意識を持つことです。そうでなければ，「自分の暮らしている場所についてもっと知ること」は，ただ，知識として身近な地域はこのような場所だと理解するだけの知的活動に終わってしまいます。

身近な地域の学習はたんなる知的活動として重要なのではなく，それらの知識をもとによりよい地域をつくるための行動や意思決定を行うといった，社会生活に有用な能力の育成の面でより重要なのです。子どもが子どもなりに身近な地域を改善するためのアイデアを持ちそれらのいくつかを実践してみる。その結果，地域の改善に貢献できた実感を持てたとしたら，将来につながるまさに生きた学習活動といえるのではないでしょうか。

小学校の学習活動でここまで実践できるのかは，現場で指導する教員の見識と力量にかかっています。しかし，こうした実践にいたらなくても，身近な地域の学習の重要性を十分に認識して，ここで示したてがかりを参考にそれにつながる学習活動を展開してほしいと思います。なぜなら，こうした繰り返しや積み重ねこそが，それぞれの教員が自分なりに地域を理解し，地域の改善に関わるための方法をつかみ取っていく非常に重要なプロセスだからです。

どうして「産業と国土のようす」を学ぶのか

　小学校で「私たちの暮らしている世界の広がりと多様性について認識を深める」ことに関わる内容は，まず，日本の学習においてなされ，産業と国土のようすの学習がその重要な内容となっています。

　どうして，文化（伝統文化）でなく産業を取り扱うのでしょう。これには，もちろん，義務教育段階で，国民形成を意図して日本の領土についての基礎的知識の定着をはかり，国家経済を支える産業活動の重要性の認識を高めるといったことが背景として意図されていると思われます。また，文化（伝統文化）の重要性を認識させるのは，地理教育よりも歴史教育のほうがふさわしいと考えられていることも一因だともいえます。

　しかしながら，少なくとも小学校段階の子どもたちにとって必要なことは，国民意識や経済活動の重要性をことさらに強調することではないと思います。子どもたちが自分たちの生活でふだん何気なく食べているもの，使っているものがどこから来ているのかに関心を持ち，さまざまな地域の多くの人びとが自分たちの生活を支えていることに気づきその重要性を認識することのほうがずっと大事なことだと思います。

　自分が食べているものそれぞれにそれを作った生産者の思いが込められている。さらに，その生産を支える多くの人びとが関わっている。そしてそれが特定の自然の中で織りなされていることを子どもたちがイメージできれば，目の前の食べ物への関わり方が変わってくるのではないでしょうか。地域や自然に対する考え方も深まってくるのではないでしょうか。農業だけ

でなく工業や他の産業についても同じことがいえると思います。子どもたちが産業を通して自分たちの暮らしている世界の広がりと多様性を認識し、自分たちの生活がさまざまな地域とつながっていることを理解することが求められています。

「産業と国土のようす」学習のてがかり

　子どもたちは，自分が日常生活を送っている場所とは異なる場所で生活している人びとのようすに気づく機会があまりありません。都市に暮らす子どもたちは農村での生活についてほとんど知りませんし，逆に，農村に暮らす子どもたちは都市での生活についてあまり知りません。「産業と国土のようす」の学習で，**ポイント１●対象に対する子どもの認識について注意深く確認する**際には，このことを意識して子どもの認識を確認し，人びとが多様な自然条件や社会条件を有する地域で暮らしていることに，まず，子どもたちの目を向けさせて下さい。そして，産業をそれらの地域における人びとの多様な暮らしとつなげて理解させていくのが望ましいと思います。

　ただし，その際，子どもたちの生活と全く無関係に，ある地域で営まれている産業のようすを学習してもあまり有意義ではないでしょう。やはり，それぞれの地域を自らの生活との関連でとらえ，さまざまな地域で多様な産業にたずさわる多くの人びとにより自分たちの生活が支えられていることの重要性を認識することを大切にしてもらいたいのです。

　「産業と国土のようす」の学習で**ポイント２●地図を利用し，さまざまな面的な広がりの中で地域をみること**では，さまざま

な面的な広がりを意識して産業や地域のようすを見ることを通じて，どの広がりで産業をとらえるのかによって重要となる事項が変わってくることに気がつくことが大切です。

　たとえば，農業について見ると，全国的な広がりでは主要な生産品目の地域的な違いが確認できます。地方や県といった広がりでは山地・平野・盆地などの地勢と農業との関係が確認できるでしょう。また，市町村といった広がりでみると，丘陵地・扇状地・砂丘などのより細かな地形や市街地などの他の土地利用と農業との関係が確認できるでしょうし，さらに狭い範囲では，土地所有関係など個々の農家の経営形態なども確認できます。このように農業では，全国的に見れば気候や地勢が生産に関わる重要な要素ととらえられますが，小地域でみれば，微地形，他の土地利用との競合，各農家の経営方針などが，どの農作物をどこで栽培するのかを大きく左右するのです。

　ところで，さまざまな面的な広がりとは市町村や県といった行政区域にもとづく広がりばかりではありません。日本海岸式気候地域などの気候にもとづく広がり，ある河川の流域といった地形にもとづく広がり，市街地といった景観にもとづく広がりなど，多様な地域区分にもとづく広がりがあるのです。地域をみる際には，これらの面的な広がりじたいが持つ特徴を理解し，どの広がりを用いると対象となる事象のどのような特性が浮かび上がってくるのかを思い浮かべることも大切なのです。

　ポイント３●比較と変化の視点を持つことのうち，比較の視点では，すでに説明したように地域間の比較と事象間の比較の双方がともに重要です。地域間の比較の視点としては，たとえば，米づくりにおいて越後平野と岡山平野を比較する，平野部

と山間部を比較するなどがあります。これにより，水田単作地域と複合農業経営地域の違いや，耕地整理された地域と棚田が広がる地域の違いなどを確認し，米づくりにおいてどこでも共通して見られるものと，ある地域のみに特徴的に見られるものを理解することができます。また，事象間の比較の視点では，水田の分布と果樹園の分布を比較するなどがあります。

こうした比較によって違いが確認された事象について，なぜ，そのような違いがでてくるのかを考えていくと，気候や地形といった自然条件の違いや，専業農家の割合や経営面積といった社会条件の違いなどの地域的特色に気づいていくことになるのです。

産業のようすについて学習する際，変化の視点は欠かせません。産業に従事している人びとは，日々，より品質の良いものや，より収益の上がるものを作るための努力を続けています。その結果，同じ産業でも10年前や20年前とは主要製品やサービスが全く違っていたり，生産やサービス供給のしくみが大幅に変化していたりすることも多いものです。こうした変化は，よく見るとそれぞれの地域での生産のようすの変化に必ず反映されているのです。また，近年の経済の国際化や情報化の急速な進展により，それぞれの産業に見られる変化の速度もより速まってきています。

おもしろいことに，品質・サービスの向上や収益の向上をめざす場合，その産業が行なわれている地域の特色を考慮した行動がなされる場合が少なくありません。そうした行動には地域的特色を薄める努力がなされる場合もありますし，より地域的特色を強調していく場合もあります。

たとえば農業では、ビニルハウスなどに室温調節装置や人工照明装置を取り付け、気候条件に左右されずに、高品質、高収益の作物が効率的に生産できる栽培条件を作りだすことがあります。また、工業では、情報通信機器や輸送手段を効率的に利用して、遠隔地からでも生産に必要な部品や材料を低価格で迅速に調達して相対的に収益を向上させています。これらの行動は、どこでも同じような条件で生産ができる状況を作り出す点で、生産における地域的特色を薄める行動といえます。

　逆に、地域的特色を強調して、高品質、高収益をめざす場合もあります。これは、夕張メロンや魚沼産コシヒカリといった農作物のブランド化に代表される行動で、産地の自然条件を活かした高品質な農作物をつくるとともに、種や苗およびブランドを管理することで成り立っています。

　これに類する行動は、工業においては、伝統工芸品の生産地や東京都大田区や東大阪市などで見られるような特定地域の生産技術の集積や研究開発機能の集積を活用して高品質、高収益の製品を製造する行動などに見られます。

　ポイント4●地域をつくるしくみと地域を支える人びとの活動に注目することは、産業と国土のようすの学習では特に重要となります。産業は多様な広がりの中で多様な人びとによって支えられています。たとえば、工業のうちの自動車製造について考えてみると、ネジやボルトといった小部品を作る工場、いくつかの小部品を組み立ててシートなどの大型部品を作る工場、それらを組み立てて完成車を作る工場があり、そこで働く人びとが協力して生産がなされています。そして、部品を輸送する運輸業も非常に重要な役割を果たしています。

日本の場合は、完成車メーカーが系列の関連部品工場や生産協力組織をもち生産管理にあたっていた伝統があったため、それらが特定の地域に集積し自動車工業地域を形成してきました。このように、産業はそれらにたずさわる人びとの活動とあいまって、地域を形成する重要な役割を果たしているのです。

どうして「国土と環境」を学ぶのか

　私たちは、自然というとすぐ、海や川、山や森林、植物や動物などを思い浮かべます。そして、都市で生活していると自然にふれあう機会が少なく自然に対する関心が薄くなるといわれます。たしかに一面ではそのとおりですが、私たちの身の回りを再度よくみてみると、衣食住にわたって、すべてのモノが自然と強く関わっていることが分かります。

　米、野菜、肉、魚といった食物が自然と関わっているのはいうまでもありませんが、洋服は植物や動物に由来する繊維から作られているものが多いですし、日本の住居では多くの木材が使用されています。また、石油や鉄鉱石といった地下資源も自然の一部ですから、それらから作られるプラスチックや鉄を利用した製品も自然との関わりがあります。さらに、私たちの生活を支える水やエネルギーも自然と関わっています。こうしてみると、私たちの生活は自然環境との関連ぬきでは成り立たないことが分かります。

　そして、これらのモノがどこで生産されているのかをたどっていくと、日常生活では意識しない広い地域の自然環境が私たちの生活を支えていることに気づきます。国土と環境の学習で

はそうしたさまざまな地域の自然環境の重要性を認識することが最も大切な事項です。また、これは本書で小学生に伝えたい3つのテーマのうち「人間と自然環境の関係について考えてみること」の根幹となります。

ただし、日本の場合、地下資源に乏しいことなどから、私たちの生活を支えているモノの原材料の多くは海外に依存しています。したがって、モノがどこで生産されているのかをたどっていく学習の流れでは、自分たちの生活を支えている地域が一気に世界へと拡大してしまい国土と環境に結びつくものが少なくなってしまうという弱点があります。結果として、環境保全の重要性について関心を深めることが目的である国土と環境の学習において、森林や河川および海の働きなどの特定の自然を主に扱うことになってしまうジレンマがあることを教える側は認識しておく必要があるでしょう。

もちろん、自然環境の重要性は、国土と環境について学習する際のみに重視されるのではありません。身近な地域のようすを学ぶ際にも、身近な地域の地形や気候、身の回りの動植物についての観察や、体験を通じて人間と自然環境の関係について学ぶ機会があると思います。また、産業と国土のようすを学習する中でも、多様な自然環境を有効に利用してさまざまな産業が成立していることを学ぶ機会があると思います。

「地理」の学習ではこうした学習全体を通じて自然環境の重要性を認識し、環境保全の意識を育ててほしいと思います。

「国土と環境」学習のてがかり

国土と環境の学習にあたって，**ポイント１●対象に対する子どもの認識について注意深く確認する**際には，まず，子どもの持っている自然観をしっかり確認することが重要です。それが確認できると，自分が生活している地域の気候とは異なる気候の地域で生活している人びとのようす，私たちの生活に対する自然環境の役割，自然環境保護の重要性などについての学習を進める際に，どこに焦点をあてればよいのかについてのアイデアが浮かんでくるものです。

私たちの住む世界に存在する多様な自然環境の重要性への認識は，それらの多様な自然環境がどのように私たちの生活と関わっているのかについての理解と関わっています。しかし，国土と環境の学習で取り上げる自然環境は，普段直接目にすることのあまりない地域の自然環境です。こうした自然環境を子どもたちに適切にイメージさせるには，適切な映像資料の利用が効果的になります。

ポイント２●地図を利用し，さまざまな面的な広がりの中で地域をみることでは，人間と自然環境の関係について考えてみる際にも，さまざまなスケールを想定した面的な広がりの中で自然のようすを見ることが重要となります。たとえば，森林保護のための植林について考えた場合，狭い地域で考えると，木を植えたことにより地中に根が張りその地点の土壌の浸食が抑制される，他の動植物が生活しやすい環境が整えられるなどの効果があると考えられます。

これをより広い地域で見ると，植林による水源涵養能力の向

上によって広域的に水利用上の効果が得られると考えることができます。このように自然の役割についても，どのような面的広がりを想定するかによって重要となる要素が変わってくるのです。

ポイント３●比較と変化の視点を持つことについては，例えば，北海道と九州の森林のようすの比較，山岳部と都市周辺の森林のようすの比較などから，針葉樹・広葉樹，常緑樹・落葉樹といった樹種の違いや天然林・人工林の違いなどの森林の多様性についての理解が深まることになると思います。

また，変化の視点からは，人工林の拡大，1960年以降の急激な木材自給率の低下などにともなう，森林のようすの変化に注目することができます。

ポイント４●地域をつくるしくみと地域を支える人びとの活動に注目することは，人間と自然環境の関係について考えてみる際の根幹をなす事項で，自然を利用する人びとおよび自然を守る人びとの活動に注目することは極めて大切です。ここでも日本の森林を例にとって考えると，燃料や建築・木製品・製紙原料として国内の森林が活用されていた時代と，一般の燃料としての木材利用はほとんどなく，建築・木製品・製紙原料としても輸入木材の利用が増大した現在の状況とでは国内の森林のありかたや重要性への認識は大きく異なってきているといえます。現在では，国内の森林は環境保護のシンボルとして保全されるべき対象という理解が進んできている感がありますが，経済性を理由として，一方で膨大な量の木材を輸入している現状をどう理解するのかについては，よく考えてみる必要があるでしょう。

工業化と環境保全

こうした経済活動と環境保全の矛盾の問題はもともと工業化と深い関係があるのです。

16世紀中頃から徐々に進展してきたとされる工業化は、18世紀のイギリスにおける産業革命期以降その速度を急速に増して世界中に広まりました。そして、工業化の進展は各国および世界の経済構造・政治構造・社会構造を大きく変化させました。もちろん、人間の生活のようすや自然との関わり方にも大きな変化が見られました。

工業化が始まる以前の農業社会において、主なエネルギーは人力・畜力および水力や風力によってまかなわれており、熱エネルギー源としては薪炭の利用が主でした。しかし、工業化社会においては、石炭や石油などの化石燃料をエネルギー源として大量に使用するようになりました。また、こうしたエネルギー資源だけでなく金属資源をはじめとした多様な資源が工業の原材料として大量に使用されるようになりました。

日本でもこうした世界の流れとは無縁ではなく、明治時代に始まった工業化は、特に第二次世界大戦後の1960年から70年代に急速に進展し、エネルギーや資源を大量に消費する社会や生活が形成されています。

しかし、石炭も石油も現在では国内でほとんど生産されず、外国からの輸入に頼っています。さらに、こうした資源は有限なのです。そうしたことを知りつつ、あたかも私たちが人類最後の世代であるかのように、毎日、電気も含めて石炭や石油に由来する大量のエネルギーを使用し、自動車で走り回り、石油

を原料としたプラスチック製品を大量に生産消費し膨大な廃棄物の山を築いています。さらに、その過程の中で、大気汚染、水質汚濁、生態系破壊などの環境問題を発生させているのです。

　こうしてみると、人間と自然環境の関係についての学習は、日本の国土の問題にとどまらず、地球全体の問題と強く関わっているのです。私たちの生活を支えている活動によって、遠く離れたところで環境問題が発生していることも少なくありません。また、自然環境は私たち人間だけでなくすべての生物が共有しているものですから、さまざまな環境問題を、責任の一端を私たちが負っている身近な問題としてとらえて、日常生活の中で具体的な行動を行うことが求められているといえます。

2 教科書の限界を知ろう

世界地理教科書としての福澤諭吉『世界国尽』

　日本の学校教育が1872（明治5）年の学制から始まることは第1章で述べました。この基本となる小学校制度は，その後「教育令（1879年）」，「改定小学校令（1886年）」，「第三次小学校令（1900年）」を経て整備され，これにより1900年にようやく義務教育制度が4か年（現在は9か年）に決まります。

　当時の教科書の発行・採択は自由で文部省はこれに干渉しませんでした。文部省は，当時民間で出版された欧米の翻訳書・啓蒙書を教科書として認め，「欧米の新知識」の普及に期待しました。世界地理分野では福澤諭吉（1869）『世界国尽（くにづくし）』が圧倒的な支持を得て読まれ，教科書にもなりました。あまりの人気に，多くの写本や海賊版も作られました。

　この本は正式名を福澤諭吉訳述『頭書大全世界国尽』と呼び，巻1〜5および附録の全5冊から構成されています。福澤自身が凡例で書いているように，イギリスやアメリカ合衆国で出版された地理書・歴史書を翻訳・要約したものです。したがって彼自身の「作意＝意見」は入っていないと述べています。

　本書の特徴は，上段がサイズの小さい楷書文字を使用した詳しい記述と挿絵，下段がサイズの大きな草書体文字で「七五

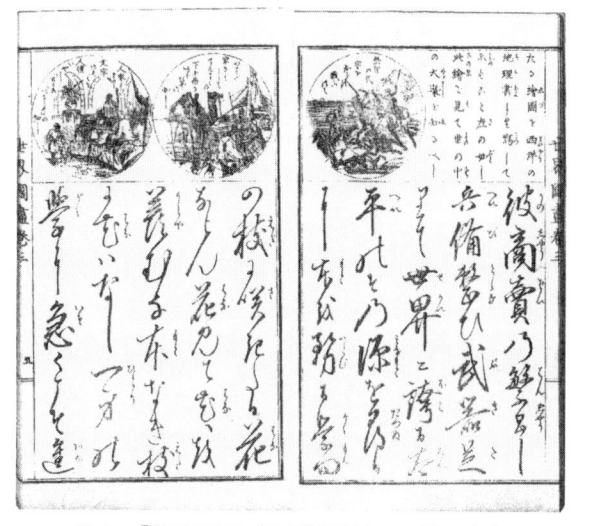

図1　『世界国尽』(1869)初版本　三巻　本文
慶應義塾福澤諭吉センター蔵，出典：中川(2002, 口絵 p. 5)

調」の記述となっていることです。さらに大部分の漢字には「よみがな」が付けられています（**図1**）。

　これは「識字率」の低かった当時，教員が下段の「七五調」リズムで音読し，それを子どもたちが「復唱」（暗唱）しながら授業を進めるという当時の手法に貢献しました。この方法なら万が一子どもたちの教科書がなくても，教員の教科書が1冊あれば授業を展開できます。さらに高学年になってくれば上段の「頭書＝詳しい記述」が役立ちます。また下段の行書は「書道の手本」にも用いられました。

　このような福澤のページの使い方・編集における工夫は，いかに彼が世界地理分野の教育に力を入れたかを示しています。

この背景には緊急の課題がありました。第1章で触れたように,明治までの日本人にとっての「クニ」は,奈良時代の律令制度の「国」であり,またその多くは江戸時代の幕藩体制の「藩」とも重なりました。したがって諸外国と対等な近代国家としてスタートをめざす明治政府にとっては,「藩」から「日本国」への国民の「国家認識の転換＝意識改革」が必要になります。この目標に『世界国尽』は大きく貢献しました。

『世界国尽』のもたらした課題

このように,『世界国尽』は優れたテキストとして日本人の「世界認識」形成に役立ったのですが,「マイナス面」もありました。それはこの本が「欧米の地理・歴史書」の翻訳であったことに原因があります。

『世界国尽』附録には,「世界中の人種を五に分ち,その容貌知愚同じからざれば,その国々の風俗生産の道も赤一様ならず」(中川 2002, p. 154) とあります。すなわち人種によって「容貌」＝外観のみならず,「知愚」＝知恵の程度にも差異があるという表現です。

また世界の地域は「文明開化」「蛮野」の2つに分類できるとし,さらに文明化のレベルを次の4ランクに分けています。すなわち「渾沌」「蛮野」「未開または半開」「文明開化」です(**表1**)。この背景には「欧米文化・文明」が第一であるという考え方があります。しかし,そもそも文化にランク付けすること自体誤った考えといえます。欧米文明化の程度を尺度にしたこのような視点は,その後の日本人の世界認識にも大きな影響を

与えました。当時のこのような思想は，欧米書物を翻訳した教科書の限界であり，福澤自身にのみ問題があったのではありません。しかし，アジアの国でありながら「西洋文明第一主義」の視点を導入

表1　福澤諭吉『世界国尽』のランク付け

蛮野	混　沌	アフリカ内地・ニューギニア・オーストラリアの土人
	蛮　野	中国北方・タタール・アラビア・北アフリカの土民
文明開化	未開または半開	中国・トルコ・ペルシアなど
	文明開化	アメリカ合衆国・イギリスフランス・ドイツ・オランダ・スイスなど

出典：西岡（1997, p. 39）

することで，日本の世界地理はスタートしたのでした。

アフリカに関わる表記

次にこのような「西洋文明第一主義」の課題を考えます。ここではアフリカに焦点をあて，世界地理を検討していきます。どうしてアフリカなのかというと，最も顕著に問題点が見られるからです。たとえば『世界国尽』のアフリカに関わる記述には，次のような個所があります。

アフリカ全体については，「土地は広くも人少なし，少なき人も愚かにて文字も知らず技芸なく，北と東の数か国をのぞきし外は一様に無智渾沌の一世界……」（中川 2002, p. 86）と書かれています。またアフリカの内地については「渾沌」に分類し「蛮野の内にても最も下等の民にて，鳥獣の仲間を外るること甚だ遠からず」とされ，以下次のように続いています。

「はてしもなく広き野原に徘徊して猟漁を業とし，或いは虫を喰らい或いは野山に生じたる木の実草の根を食物とす。その

人の性質，慈悲なく心なくして互いに相争い，物事に迷い易くして人の道を知らず，甚だしきは人の肉を食うものあり。……農業を勤めざれば五穀を喰わず。衣服も甚だ見苦しくて大抵裸体の者多し。その知識はもとより狭く，文字を知らず，法律を知らず，礼儀の道なく，地面の区別なし」（中川 2002, pp. 154-155）。いまさらながら，ここまで蔑視した記述に驚かされます。

このように明治期からの世界地理におけるアフリカは，西洋文明第一主義的な欧米人の視点からの情報・知識をそのまま輸入するという形で日本に紹介されました。そしてこれは長い間日本人のアフリカに対するイメージを支配し作ってきました。このことは，地理教育とりわけ世界地理の内容が，学習者の世界認識形成に大きく影響し，国際理解（異文化理解）教育の側面を持っていることを意味します。

その後，時代とともに，このような日本人の「アフリカのイメージ」は少しずつ変化します。しかし詳細に検討すれば一部にはこんにちでも，日本の教科書には伝統的に「欧米中心」の傾向がみられます。アジアの中の日本として独自な視点からの世界地理が必要です。

教科書はどの国がお好き？

小学校では 2005 年 4 月から教科書が改訂されました。現在の小学校教科書には，世界全体を教える形での，世界地理の記述はありません。世界地理に関わる内容は「社会科 6 年生下」の教科書で，学習指導要領（1999 年 5 月）に従い「数か国を取りあげる」という形の記述になっています。**表 2** は 2004 年検定

表2 「小学校6年下」で取りあげられた国（2004年検定版）

番号・発行所	取りあげられている国
① 東京書籍	アメリカ合衆国，韓国，中国，サウジアラビア
② 大阪書籍	アメリカ合衆国，韓国，中国，オーストラリア
③ 教育出版	アメリカ合衆国，中国，韓国，ブラジル
④ 光村図書	アメリカ合衆国，中国，ブラジル，サウジアラビア
⑤ 日本文教出版	アメリカ合衆国，韓国，サウジアラビア

備考：2005年4月より使用，出典：西岡（2005, p.2）

版の，5冊の教科書で「取りあげられた国」をあげたものです。

　最も地理認識が形成される貴重な小学校時代に，このように限られた国しか学習しないのは残念なことです。これでは地球全体に広く目を向けた世界認識が育たないと考えられます。現行の「数か国を取りあげる」という記載方法では，アフリカの国を「文章」で取りあげ紹介している教科書はありません。しかし，アフリカに関わる写真は，少ない（21枚）ですがこれらの教科書にも登場します。

作られるアフリカイメージ

　写真は地理学習に不可欠な教材です。教科書でも，写真がその地域のイメージを形成する重要な手段となります。

　表3は5社の教科書（世界地理分野）で用いられている写真を，撮影国ごとに枚数で表しています。当然教科書で事例として取りあげられた，アメリカ合衆国などの国（**表3**でゴシック体で示した国）の写真が多くなっています。また社会科教科書6年下（**表2**　全5冊，以下①〜⑤で表記）の，世界地理分野

表3　社会科6年下（2004年検定版）で用いられた写真の撮影された国と枚数

①東京書籍 pp. 28-68	②大阪書籍 pp. 28-68	③教育出版 pp. 26-55	④光村図書 pp. 37-72	⑤日本文教出版 pp. 26-64
アメリカ合衆国 20 **韓国** 15 **中国** 9 **サウジアラビア** 8	**オーストラリア** 11 **アメリカ合衆国** 7 **中国** 6 **韓国** 5	**アメリカ合衆国** 18 **ブラジル** 7 **韓国** 6 **中国** 5	**アメリカ合衆国** 12 **ブラジル** 12 **中国** 9 **サウジアラビア** 6	**アメリカ合衆国** 17 **サウジアラビア** 17 **韓国** 12
カンボジア 4 アフガニスタン 2 インドネシア 2 グアテマラ 1 ツバル 1 パキスタン 1 東ティモール 1 ホンジュラス 1 マラウイ 1 モーリタニア 1 ユーゴスラビア 1 ヨルダン 1	イタリア 3 アフガニスタン 1 カンボジア 1 ツバル 1 トルコ 1 マレーシア 1 南アフリカ 1	バングラデシュ 3 アフガニスタン 2 カナダ 2 サウジアラビア 2 ラオス 2 インド 1 インドネシア 1 エジプト 1 オーストラリア 1 ギリシア 1 グアテマラ 1 ケニア 1 スイス 1 スーダン 1 スリランカ 1 タイ 1 トルコ 1 ドイツ 1 フィジー 1 モーリタニア 1 ロシア 1	アフガニスタン 2 ニジェール 2 フィリピン 2 アルゼンチン 1 イタリア 1 インドネシア 1 エクアドル 1 オーストラリア 1 カナダ 1 コスタリカ 1 ザンビア 1 シエラレオネ 1 ジンバブエ 1 スーダン 1 スペイン 1 トンガ 1 ネパール 1 バングラデシュ 1 モーリタニア 1	オーストラリア 2 カンボジア 2 ザイール 2 中国 2 ルワンダ 2 イタリア 1 東ティモール 1 フィリピン 1 ブラジル 1
パレスチナ 1	南極 1	エベレスト 1	イラン・イラク国境 1 パレスチナ 1	
撮影国不明 5	撮影国不明 6	撮影国不明 8	撮影国不明 4	撮影国不明 2
合計 75枚	合計 45枚	合計 72枚	合計 67枚	合計 62枚

備考：**ゴシック体**は事例として詳細に記載されている国。パレスチナは独立国名ではない。同数の場合は五十音順で表示。
出典：西岡（2005, p. 8）

で使用された写真の合計は321枚（撮影国が不明のもの25枚も含む）であることがわかります。そのうちアフリカに関する写真は21枚で、全体のわずか6.7%です（**表4**：以下写真を1～21で表記）。このことは1国で74枚（23.6％）のアメリカ合衆国と比べれば、情報量には極端な格差があります。また21

表4 「小学校社会科6年下」教科書のアフリカに
関する写真（2004年検定版）

写真	教科書	撮影国	撮影年	写真の説明	内容	学習者に与える情報・印象
1	②	なし	なし	配られたミルクを飲む難民キャンプの子ども	飢餓・難民	悲惨・ーのイメージ
2	③	スーダン	なし	飲み水の配給を受ける人々	難民	貧困・〃
3	④	スーダン	なし	うえに苦しむ子どもたち	飢餓・難民	悲惨・〃
4	④	なし	なし	水と衛生	不衛生	危険・〃
5	④	ザンビア	なし	栄養失調の弟に食事をあたえる姉	飢餓・病気	悲惨・〃
6	⑤	ザイール	なし	ユニセフによる難民への水の供給	難民	悲惨・〃
7	⑤	ザイール	なし	難民を守る国連の平和維持隊	難民・紛争	危険・〃
8	⑤	ルワンダ	なし	予防接種	病気	危険・〃
9	⑤	ルワンダ	なし	ユネスコから配られた黒板	援助	貧困・〃
10	④	シエラレオネ	なし	なし（国名のみ表記，銃を持つ少年の写真）	紛争・戦争	危険・〃
11	①	モーリタニア	2002	さばく化	環境問題	危険・〃
12	②	なし	なし	さばく化の進むアフリカ	環境問題	危険・〃
13	③	モーリタニア	なし	おしよせる砂漠	環境問題	危険・〃
14	④	モーリタニア	なし	広がる砂漠	環境問題	危険・〃
15	①	マラウイ	2002	野菜のさいばい指導，青年海外協力隊の活動	援助・協力	援助のようす
16	④	ニジェール	なし	現地の人たちに植林の説明をしたり，なえ木をわたしたりして活動する渡邊さん	援助・協力	〃
17	④	ニジェール	なし		援助・協力	〃
18	④	ジンバブエ	なし	柔道を教える青年海外協力隊員	援助・協力	〃
19	③	エジプト	なし	なし（国名のみ表記，ピラミッドの前の子どもの写真）	日常生活	明るい印象
20	③	ケニア	なし	なし（国名のみ表記，校庭？に並ぶはだしの子どもの写真）	日常生活	〃
21	②	南アフリカ	なし	環境開発サミットのかんげい式典	国際会議	＋のイメージ

備考：表中の教科書①〜⑤は，表2の教科書に対応。出典：西岡（2005, p. 10）

枚のうち10枚は子どもを中心とした人物を写した写真です。しかしキャプションには，難民キャンプ・配給・飢え・水と衛生・栄養失調・予防接種などとあり，「マイナスイメージ」の写真が中心であるといえます。

5の説明は，「栄養失調の弟に食事をあげる姉」となっています。しかし，「栄養失調の」という情報がたとえ「部分的に正しい事実」であっても，「弟に食事をあげる姉」だけで十分に意図は伝わると思えます。

11〜14は「さばく化」「おしよせる砂漠」「広がる砂漠」として自然災害＝マイナスイメージを描いています。11・12・13の3枚は同一の写真ですが，11には「さばく化（モーリタニア，2002年）」，12には「さばく化の進むアフリカ」，13には「おしよせる砂漠（モーリタニア）」と，キャプションが異なっています。11・12を「砂漠化」と断定してよいのでしょうか。

砂漠化とは「乾燥，半乾燥及び乾燥半湿潤地域における，気候変動及び人間の活動を含む，さまざまな要因に起因する土地の劣化」（浮田2003，p.104）のことです。しかし11・12は風による砂の移動で，自動車が埋もれているようすです。したがって13の「おしよせる砂漠」のほうが適切な表記であると考えられます。いずれにせよ同一写真の説明が，教科書間で異なり問題です。また撮影年があるのは11・15のみです。特に自然災害を表す写真に，撮影場所（国名）と撮影時期（年代）が記載されていないのは問題です。

12は「さばく化の進むアフリカ」と説明が付けられています。「さばく化」でないと考えられることは前述しました。さらに「アフリカ」は国ではなく周辺の島々を含めれば独立国53か国

〈教科書のアフリカに関わる写真の例〉

1 配られたミルクを飲む難民キャンプの子ども
(出典：② p. 47)

5 栄養失調の弟に食事をあたえる姉(ザンビア)
(出典：④ p. 66)

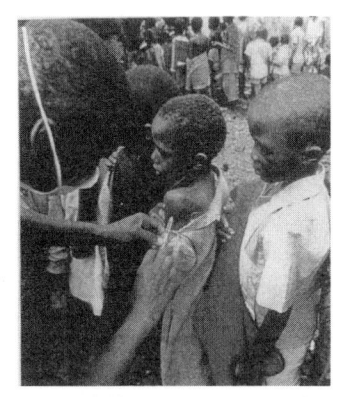

8 予防接種(ルワンダ)
(出典：⑤ p. 54)

10 シエラレオネ
(出典：④ p. 38)

12 さばく化の進むアフリカ
(出典：② p. 49)

備考：写真の番号と出典は表4に対応する。

を含む大陸です。そして正確には、この12のような「砂の移動」がみられるのは、「アフリカ大陸全体」でなく一部分です。したがって「さばく化の進むアフリカ」のような、アフリカ大陸全体をステレオタイプにとらえた表記は、情報としては誤りです。

これらはいずれもアフリカ大陸における「限られた事例」「事実の一部」であるにもかかわらず、アフリカに関わる他の情報が極端に少ないため、結果として「全体像」として学習者に、誤って伝わる危険があります。さらに教員側にもこのような「情報不足」は、ゆがんだ「地域イメージ」として認識・理解される危険があります。

そしてこれらの「難民キャンプ」「飢餓の状況」「広がる砂漠」は、いずれも時間経過とともに状況が変化するテーマ(被写体)です。したがって、撮影年・撮影場所を明記せずに教科書に使用するのは、避けるべきです。

アフリカの記述からみえてくるもの

以上、アフリカに関わる写真は教科書合計で21枚でした。そして21枚中13枚が、難民・飢餓・病気・紛争・環境問題など「マイナスイメージ」を含むものです。またこれらと重複しますが、「はげまされ」たり「援助」を受けているようすが12枚でした。これにたいして、日常生活を描き「子どもたちの笑顔」がみられたのは2枚しかありませんでした。

この事実は、同じ教科書で多くのページを用いて日常生活(家族の食事・学校生活・スポーツなど)を「プラスイメージ」

で描いた，欧米諸国を中心とした表記（文章・写真）とは大きく異なるものです。アフリカ諸国では，こうした日常の「プラスイメージ」表記がされず，非日常（難民・飢餓・紛争・環境問題など）の「マイナスイメージ」表記が中心になっているのです。

　たとえこれらの事象が一時的・例外的・部分的に正しかったとしても，このような教科書では，「偏見や偏狭」（菊池1960，p.301），「特定国重点学習による知識の偏在」（正井1979，p.4）や，「地域優劣意識」（山口1998，p.97）を増大させる危険があります。事実，現場教員からも小学6年生のアフリカ認識では「……いつも十把ひとからげに考え，いずれの国々も飢えと疾病に苦しむ……」という認識しか育っていない，とする実践報告があります（横山1989，p.30）。

　ではどのような世界地誌が，小学校段階では「理想」なのでしょうか。畔上（1967，p.56）は「誤解や偏見，例外的な事実強調，すでに過去のものとなってしまった視点，そしてそれらの教材間の根底にある白人優位主義の視点」が途上国地域の正しい理解を阻害していると述べています。しかし，この指摘からすでに40年近く経過したこんにちでも，この問題は一向に解決していないのです。また熊谷（2000，p.ii）も「第三世界は，貧困や飢餓，社会・政治不安，階層的・ジェンダー的な差別といったネガティブに彩られることが多い。それがたとえ部分的には事実であったとしても，断片的な「問題」のみによって地域の全体像を語ることはステレオタイプを強化・再生産し，それ以上の「理解」を阻んでしまう」と問題提起しています。この2人の指摘は，今後のわが国の地理教育の方向，とりわけ教

科書の世界地誌記述のあり方を示してくれています。

　筆者は，特に第三世界が「ネガティブに彩られる」ことを，小学校段階の教科書では「意識的に避ける」ことを提案します。社会科6年下は「世界地誌のスタート」という大切な意味を持ちます。この重要な時期に貧困・飢餓・難民という「重いテーマ」を唐突に突きつけるのは好ましくないと考えるからです。

　算数でもいきなり応用問題（難問）からスタートはしません。まず基礎事項を理解し練習問題を経て，段階的に応用問題へ進むのです。世界地誌でも初心者には「入門しやすいテーマ」（例えば家族，市場風景，町並み，学校のようす，スポーツなど）から，「発展的なテーマ」（例えば経済活動から発生する社会問題・環境問題など）へと段階を経て学習を進める必要があるといえます。

　このような段階を経ることで，世界地誌への肯定的な態度と興味がスムーズに拡大し，小学校高学年（世界地誌スタート）段階で発生する「第三世界への偏見や誤解」が避けられるのです。スタートでつまずかなかった結果として，中学校では「外国地誌を主観的に理解できる」（戸井田 2002，p. 15）ようになり「地理好き」な生徒を増やせるといえます。

　しかし，現在使用されている社会科6年下では，この「段階」を考慮せずアフリカの例で示したとおり，いきなり貧困・飢餓・難民という「ネガティブ＝マイナスイメージ」を強調しています。残念ですがこれでは学習者の「途上国地域への正しい理解」（畔上 1967，p. 56）や「それ以上の理解」（熊谷 2000，p. ii）を妨げることになります。

　前述したとおり小学校高学年は「地理意識の爆発核心期」（山

口 1994, p. 150）であり，世界認識が飛躍的に拡大する世界地誌の「学習適期」（戸井田 2002, p. 13）です。この重要な時期にはマスメディアや大人の情報・偏見に染まっていない，「純粋な子どもたちの世界地誌への興味・関心*」をできるだけ伸ばしておくべきです。

このような視点から，学習者とりわけ小学生に誤解や偏見に基づく誤った世界認識を持たせないためにも，あらためて教科書記述内容を整理する必要があります。その際には，文章表現だけでなく写真（どの段階でどのテーマ・被写体を使用するのか）も，慎重に選定されなければなりません。

以上述べてきたことをまとめれば，「歴史や地理の認識で，われわれが自明のものとしていることが，いかに偏見と裏腹であるかについて理解を深めていくことが必要であろう。……**教科書や教師も情報を媒介するシステムつまりメディアである**」（市川 2002, p. 25）に行き当たります。地理を教える教員はこのことを肝に銘じ，常に忘れないようにしたいものです。

---

*小学校4年生初期までは，「動物の国」としてのイメージもあり，アフリカ（国ではないが）を「好きな国」としてあげる子どもたちも多い。しかしそれ以降は，大人やマスコミの影響で「途上国蔑視」「欧米志向」が固定化する（山口 1994, p. 135）。

付録：子どもたちは世界をこうみている

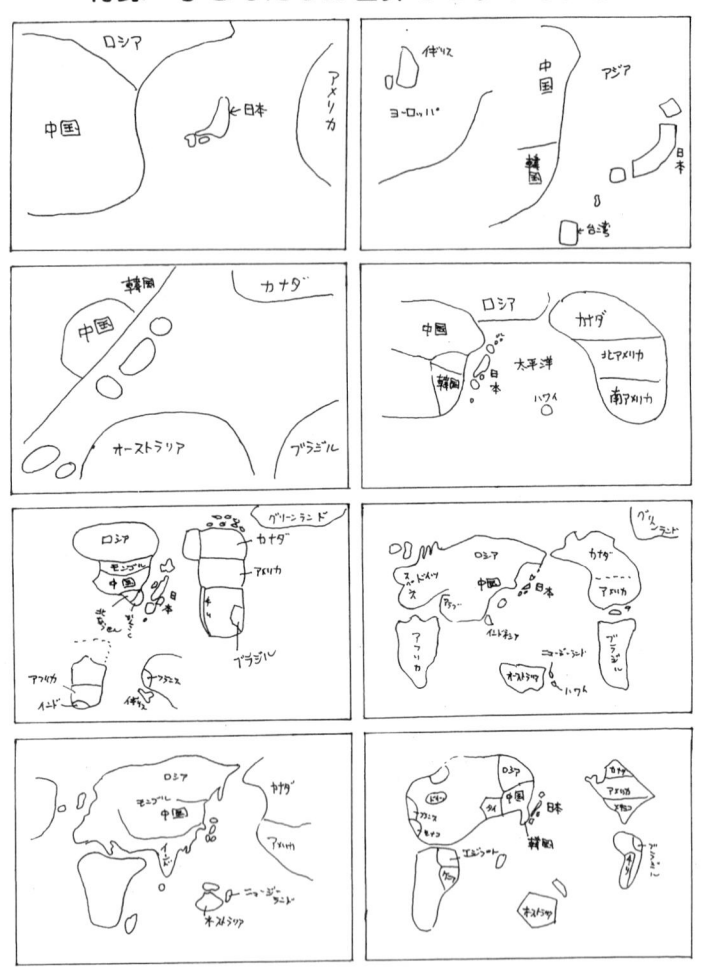

小学校6年生の「頭の中の世界地図」

日本の小学校6年生（1月実施）と日本への留学生に，何も参考にせずに手書きで「世界地図」を描いてもらい，それをトレーシングペーパーで写し取り縮小したもの。

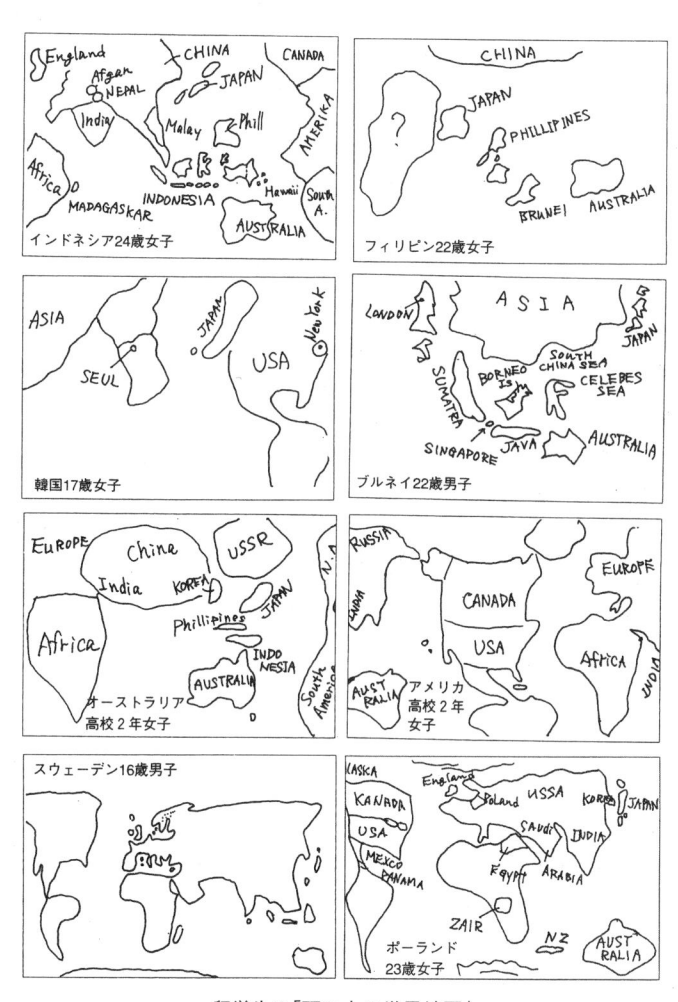

留学生の「頭の中の世界地図」

＼世界地図イメージは人それぞれに違いがある。このような世界地図認識の「差」は，いつ頃どのように形成されてくるのか，興味深いテーマである。

出典：西岡尚也(1996)『開発教育のすすめ』かもがわ出版，pp. 52-53

Hint 2

教材づくりに役立つ本

◆池田香代子再話，C．ダグラス・ラミス対訳（2001）『世界がもし100人の村だったら』マガジンハウス

「世界に63億人の人がいますがもしもそれを100人の村に縮めるとどうなるでしょう」と語り始めるものがたりは，子どもたちに世界の多様性を多様性として理解してもらいたい，世界についての適切なイメージを持ってもらいたいという本書の願いと通じるものがあります。非常に単純化されていることに注意しなければならないものの，読者への多様なメッセージがちりばめられています。「たくさんのわたし・たちがこの村を愛することを知ったなら……」と結ばれていくものがたりを通して，私たちが暮らしている世界について思いをめぐらせてみてはいかがでしょうか。

続編の池田香代子＆マガジンハウス編（2002）『世界がもし100人の村だったら②』（マガジンハウス）は，世界の多様性に対する理解をさらに深めるための統計資料や論評が加えられていて，具体的な教材づくりの多くのヒントが得られると思います。

◆福川裕一文・青山邦彦絵（1999）『ぼくたちのまちづくり』岩波書店

『ぼくたちのまちづくり』は，1 ぼくたちのまちせかいのまち，2 商店街を救え，3 まちに自然をとりもどそう，4 楽しいまちなみをつくる，の4巻シリーズで構成されています。小学校の先生が子どもたちとまちに出て，観察したりインタビューしたりしながら，子どもたちがまちを知り，まちと関わっていくようすを，すばらしいイラストを交えながらドラマ仕立てに構成しています。

著者は都市工学の専門家ですが，この本の中で子どもたちが地図をみたり，地図を作成したりしながら，学習を進めていく様子は，小学校の社会科の地理的分野で展開する「身近な地域の学習」や「野外調査」のひとつの理想像を示しているように思います。また，この本は，「地理」で学ぶ地域理解の方法が，まちづくりや都市計画といった分野でも，具体的に私たちの生活に役立っていることを教えてくれています。

◆中村和郎編（2005）『**地図からの発想**』古今書院

全ページがカラー印刷されたこの本は，専門的な地図から，身近な地図までまさに地図の多様性を伝えてくれます。また，それぞれの地図には，地図の読み方，描き方，学び方，教え方，楽しみ方などに関わる多様な解説が付けられています。

これらの地図をみていくと，地図の中に社会や自然や歴史が写し込まれていることに気づきます。しかし，そうした地図からどのような地域イメージを持つことができるのかは，小説を読んだ時の感想が読者それぞれによって違うのと同じように，地図をみた人それぞれによって違いがあるのです。

　この本を読んで，ぜひ自分の身の回りにあるいろいろな地図を探してみたり，それらの地図が描いている地域の様子について考えてみてください。地図を楽しんだり，地図を使って考えたりできる子どもを育てられるのは，地図を楽しんだり，地図を使って考えたりできる大人だけなのですから。

〔川田　力〕

第3章

どう伝える?
——授業が楽しくなるテクニック

ついつぶやきたくなる「先生も地理が苦手なの……」は，タブー中のタブー，子どもたちの前では絶対に禁句です。最初から「苦手」な子どもは，一人もいません。「どの教科が好きになるか」は，どんな先生に習うかで決まります。ここでは，身近な地域から世界全体におよぶ子どもたちの「空間イメージの拡大」を，どう手助けすればよいのか，いっしょに考えましょう。

1 もっと野外に出よう

地域を学び地域で学ぶ

「地理」を教える教員は，子どもたちにさまざまな地域について適切なイメージを持たせようと努力します。しかし，その際に，教員自身が行ったことのないところや見たことのないものを，まさにその場にいてそれを見ているかのような臨場感で子どもたちに伝えることはたやすいことではありません。「ここはこういうところだそうだ」「だれかがこのように言っている」「教科書にこう書いてある」など，授業で教員がつい使ってしまいたくなるフレーズはその場所の魅力を奪っていく呪文のように思えます。

子どもたちに，さまざまな場所の魅力に気づかせ，さまざまな地域について適切なイメージを持たせるためには，野外に出て現実の対象に直接触れながら，地域のようす，地域の成り立ちや地域のつながりを学ぶ機会をつくることが重要です。子どもたちはだれかから聞いた知識としてではなく，野外で自らの体験を通して地域に対する認識を深めていくのです。そして，こうした体験は，子どもたち自身が行ったことのない場所についてのイメージを形成する際にも活きてくるのです。さらに，このような学習体験は，子どもが自分も地域の一員であること

を認識し，身近な地域をよりよくしようという意識につながっていくものですから，まさに生涯を通じてみてもきわめて貴重な学習活動だといえるでしょう。

　小学校におけるこうした野外調査の目的は，一般に2つに分けられます。

　まず，1つめは，**地域を学ぶ**ことです。これは野外調査によって子どもが自分の周りの地域がどのようなところなのかを理解することを目的とします。2つめは，**地域で学ぶ**ことです。これは子どもの周りの地域を調査する過程で，調査の方法および，地域のとらえ方を習得することを目的とします。

　しかし，地域を学ぶことと地域で学ぶことは表裏一体のものです。自分の周りの地域を理解するためには調査の方法や地域のとらえ方を習得していなければなりません。一方，調査の方法や地域のとらえ方をどの程度習得したのかは，それによってどの程度地域を理解できたのかによって確認されるのです。要するに両者の違いは，調査を進めるプロセスを強調するのか，調査の結果を強調するのかの違いだといえます。したがって，どちらを目的としても具体的な調査内容や学習活動自体にはほとんど違いはないといえます。

　さまざまな地域について適切なイメージを獲得するために，自らの体験を通して地域に対する認識を深める体験として野外調査をとらえると，どちらか一方の目的を選択するのではなく，野外調査の目的を両立させ，地域を学び地域で学ぶことが重要になるのです。

五感で観察しよう

　小学校における野外調査では，まず，対象となる地域をじっくり観察することからはじめてもらいたいと思います。たとえば，子どもたちの通学路に，なにか普段は気がつかず見過ごしていたものや面白いものはないのか，さがしてみることからはじめてみてはどうでしょう。都市部なら道路脇の側溝，マンホールのふた，電信柱やそれにつけられている広告・張り紙，案内板，点字ブロック，歩道橋，まだまだたくさん面白いものがあるのではないでしょうか。農村部なら用水路や畦道，田や畑とそこで育てられているさまざまな作物，農業機材置き場や家畜小屋などいろいろなものがあるでしょう。

　学校の屋上や近くの山や丘の上など高いところに登ってみるのもよいでしょう。あらためて注意してじっくり観察してみると，いつも見慣れている景色の中に，初めてその存在に気がつくものや，これは何だろう，どうしてそこにあるのだろうと不思議に思うものがみつかると思います。もちろん，目でみるだけでなく，時には耳を澄ませてみる，臭いをかいでみる，触ってみるということも大切だと思います。こうした観察が野外調査の第一歩となるでしょう。

　また，観察においては「最寄りの商店街について調べる」，「身近な地域の自然について調べる」などの具体的なテーマを設定することもできます。こうしたテーマにしたがって観察を実施し，その結果からさらに調査を進めることは非常に重要な学習活動となります。

きちんと記録しよう

　次は、観察したものが、どこにどのようにあったのかを記録することになります。これは簡単そうですが、実は意外と重要な事項を含んでいます。なぜなら、位置を記録するのには多様な方法があるからです。

　子どもたちによる位置の記録には、たとえば「道路の上にあった」「家の前にあった」「交差点の真ん中にあった」「美容院と文房具店の間にあった」というものがあります。実はこうした記録にすでに無意識のうちに、対象とは異なるなにか別のものの位置を基準にするという相対的位置の概念が用いられています。

　さらに、もう少し詳しく、もっと正確に対象の位置を記録できないかと子どもたちに求めると、（もちろん子どもたちの学年や発達段階にもよりますが）「道路の右端から1mのところ」「家の前からまっすぐ3歩、右に曲がって35歩のところ」というように、距離の概念を加えて位置を記録することになるでしょう。

　しかし、クラスの全員がそれぞれ発見してきたものの位置など、複数の対象の位置を一度に記録しようとするとかなりやっかいなことになります。なぜなら、各自が位置を記録するときに用いていた位置の基準となるものがそれぞれ異なっているからです。これを解決するために、各自が異なるものを基準とするのではなく、例えば学校の正門の位置などを共通の基準点として、「A地点は正門から100歩のところで右に曲がり300歩のところで左に曲がりそこから200歩あるいたところにあります」「B地点は正門から150歩のところで左に曲がり200歩の

ところでまた左に曲がりそこから50歩あるいたところにあります」などと位置を記録するとわかりやすくなることに思いいたります。これは簡単な座標系を想定した位置の記録方法で，実は空間認識に関わるかなり高度な内容を含んでいるのです。

　また，子どもたちは，位置を記録する時，特に複数の対象物がある場合には，文章で記録するのはかなり手間がかかるということを体験を通して認識することになります。ここで，地図の出番です。位置を記録する場合，複数の対象物でも，その位置を一目で示すことのできる便利な道具が地図なのです。こうして，子どもたちは地図の重要性に気がついていくのです。

　ところで，記録においては観察したものが，どこにあったのかというだけではなく，どのようにあったのかを記録するのも大切なことです。道路脇の側溝には水が流れていたのかそうでないのか，流れていたとしたらどれくらいの量なのか，流れの速さはどうなのか。マンホールのふたには何か模様や文字が書かれていたのか，電信柱につけられている広告・張り紙にどのような情報が記載されているのか。点字ブロックは何色なのか，破損していないのか。田畑で育てられている農作物は何なのか，どのくらいの大きさに育っているのか，など対象を細かいところまで観察し記録するのです。こうした観察と記録が，その対象の存在やそれをとりまく地域のようすに関心を持ち，多様な想像をしてみるきっかけになるのです。

なぜそこにあるのかを考えよう

　観察によって発見した対象物は，その時点ではある地点で発

見したものという意味で点的な存在です。しかしながら，道路脇の側溝からは排水路網，マンホールのふたからは上下水道網，電信柱につけられている広告・張り紙からは広告主の集客圏や情報の伝達圏，点字ブロックからはバリアフリー環境の整備状況，田畑で育てられている作物からは農業的土地利用や農業生産のしくみなど，それらの対象物をとりまく線的ないし面的広がりの存在に思いをめぐらせることができます。このように，点としての対象物から線や面といった空間的な広がりを想像することは，地域を理解するための基礎的技能として重要なものです。

　こうして，対象物とそれをとりまく広がりに気づくと，その対象物がなぜそこにあるのかを確かめる次の調査活動につながります。

　その対象物がなぜそこにあるのかを確かめる手がかりはいくつかあります。すぐに思いつくのは関係者に聞いてみることです。側溝・マンホール・点字ブロックなどについては管理者である行政の担当部署，電信柱の広告や張り紙などは広告主，農作物についてはその土地の所有者，などへ直接インタビューすれば，なぜそこにあるのかについてかなりわかるはずです。しかし，関係者の発言がすべて事実かどうかは不明ですから，インタビューとあわせて，その結果を裏付ける客観的資料を収集することも必要となります。

　また，その対象物がなぜそこにあるのかを確かめるてがかりとしては，観察をもとにして作成した地図や，それらの対象物をとりまく線的ないし面的な事象の広がりを示した地図をもとにして，他の事象との関連性，分布の規則性などを読み取ることがあげられます。それらの地図をもとにして，なぜその事象

が他の事象と関連しているのか，または，分布の規則性が生ずる理由について考えてみるのです。そして，さらにそこで自分が考えた理由を確かめていくのです。

その際，目的に応じて多様な情報を収集し整理することが必要となりますが，まず，どのような情報をどこでどのくらい収集できるのかについて考えることになります。場合によっては測定によって数値情報を収集することになるかもしれませんし，アンケートやインタビューによって情報を聞き取ることも必要になるでしょう。また，収集した情報を必要に応じて分類することも重要です。

このほか，写真・空中写真，地図，統計，グラフなどに記録されている事象やデータを読み取り分析することも考えられます。さらに，情報収集の際には，インターネットの利用や地理情報が記録された CD–ROM の利用も有効な手段といえます。

こうした理由付けの作業の中では，比較と変化の視点を持つことも重要です。地域間の比較や事象間の比較によって対象地域や対象事象の特徴を確認したり，以前の対象地域や対象事象の状況をしっかりと把握し，そこからどのような変化があったのかを検証すると，なぜそうなったのかについて説明する糸口が見つかりやすくなるからです。

自分の考えを確かめ，まとめよう

最後に，これまでの調査で得られた情報を整理し，対象物がどこにどのように存在していたのか，それらの対象物をとりまく線的ないし面的な事象のひろがりはどのようなものなのか，

そして，なぜ，対象物がそこにそのように存在していたのかについて考えをまとめられれば野外調査は完了です。そのためには，集めた情報の中からどうしてそうなっているのかを説明する根拠となるものをさらに選び出して理由付けしたり，説明の適切性を確認するための実験を実施したりすることも必要となります。

　また，野外調査で収集した情報を記録しまとめる際には，地図を描くことが有効です。地図を描くことによって培われる地理的技能は子どもの発達段階に応じていくつか存在します。例えば，絵地図のような手描きの地図で対象の位置を示す場合には，位置情報を地図に表現するという地理では極めて重要な技能の一端を知らず知らずのうちに学ぶことになります。また，市販の地形図・住宅地図・都市地図などに対象の位置を記入する場合，まず，その地図を読み取ることが不可欠ですし，さらに，読み取った情報を元に，対象の位置を地図の中で確認することになります。

　このようにある地点の位置を地図の中で把握するという技能も地図活用の基礎となる重要なものです。そのうえ，地図は情報を記録するだけでなく説明の根拠となる分析の道具ともなります。というのは，自ら地図を作成すると，作成の過程で地域や調査対象についての新たな発見や解釈が得られることもあるからです。

　こうした野外調査を何度か繰り返し体験すると，地域についての認識や土地勘も向上していきますし，多様な調査方法を必要に応じて利用できるようになり，調べた結果のまとめかたも上達していくのです。

2 もっと地図を知ろう

よい地図とわるい地図

みなさんは,「地図を読むときに地図中に方位の表示がない場合,一般に地図の上部が北である」などの地図の読みかたの慣用や,「文は学校,ⅴは畑」などの地図記号を学習したことがあると思います。みなさんが学習したことのある地図記号は,おもに国土地理院作成の地形図で用いられている地図記号なのですが,多くの地図で慣用としてその地図記号が用いられています。これらの地図記号のうち使用頻度の高いものはすでに一般常識とされていますので,適切な時期にしっかりと学習しておく意味はあるでしょう。しかし,地形図で用いられている地図記号をすべて網羅的に覚えている必要があるかどうかは疑問です。

地図には地図を読む人たちに地図に描かれた内容を正確に理解してもらうために,それぞれの地図記号がなにを意味しているのかなどその地図を読むときのルールが示されています。これを凡例というのですが,地図を読むときにはこの凡例に示されたルールにしたがって地図に描かれた内容を読み取っていくことが肝心です。つまり,地図を適切に利用するためには特定の地図記号を覚えておくことよりも,地図を読む前に地図を読

むときのルールが書かれている箇所である凡例を確認する習慣をつけておくことの方がずっと大切なのです。

ところで、私たちのまわりには特に地図中に方位の表示がないにもかかわらず、地図の上部が北になっていない地図はあふれています。また、常識外の地図記号を使用している地図も少なからず存在します。しかし、こうした地図は、正確でない、間違っている、地図ではない、などとは簡単にいえないのです。

そもそも、地図は地理的情報の記録・伝達手段の1つですから、それぞれの地図には地図作成者の意図、つまり、地図作成の目的、対象としている利用者、作成者の価値観などが反映されているのです。こうした観点からすると、作成者の意図が対象とする利用者に適切に伝わるかどうかがよい地図かわるい地図かの判断基準になるのです。ですから、不特定多数の利用者を想定している非常に常識的一般的な地図もありますが、一方で方位も距離もめちゃくちゃで、利用している地図記号も常識的なものでない地図があっても、ある特定の利用者がその地図の作成者の意図やその地図に記録されている地理的情報を的確に読み取れるのであれば、わるい地図とはいえないのです。

地図をうたがおう

このように、私たちが普段、客観的なものだと考えがちな地図には、作成者が存在し、作成者の持つ地域イメージが反映されているのです。したがって、さまざまな地図を利用し地理的情報を読み取る際、特に以下のことに十分に気を配る必要があります。

まず，地図は作成者が伝達したい地理的情報を特定の時点で記録したものですから，当然ながら地図が作成された時点以降の地域変化は反映されていません。地図を使う際にはその地図がいつ作成されたのかを確認し，作成された後に地域変化が起こっていることも想定しつつ利用する必要があります。

　また，地図の中には，作成者のミスによる誤りがある地図もありますし，作成者が特定の目的のために，故意に削除・省略を加えたり，捏造・歪曲を行なった地図もあります（**図1**参照）。例えば，戦時中には，軍事上の秘密保持のため地形図の中の軍事施設が削除されたり，他の土地利用に変更されて表現されていた地図があることが知られています。また，現在でも商店などが，顧客獲得を目的として，雑誌やチラシ広告に掲載する地図で地図上の距離を実際の距離よりも短めに表現することで利用者の近隣に立地しているイメージを誇張して伝えようとする例は少なくありません。

　教科書や地図帳に掲載されている地図を含め，統計地図にも十分注意する必要があります。なぜなら，全く同じ1つの統計データから無数の統計地図が作成可能だからです。それらの中には場合によっては，利用者に全く異なる地域イメージを与える可能性のある地図が含まれていることもあります。目の前に置かれている地図は作成者によって選択された無数の統計地図のうちの1枚であることをしっかり認識し，作成者の意図が地図に反映されていることをふまえて情報を読み取ることが大切になります（**図2**参照）。

　さらに重要なのは，地図は多かれ少なかれ特定の地域イメージを創出しつづけることを十分に認識しておくことです。たと

(A)

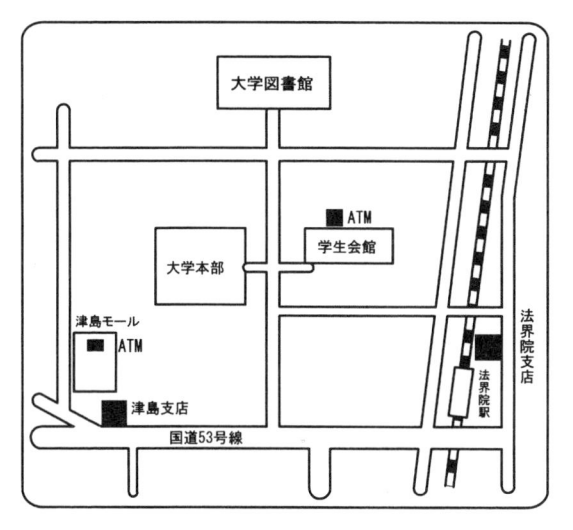

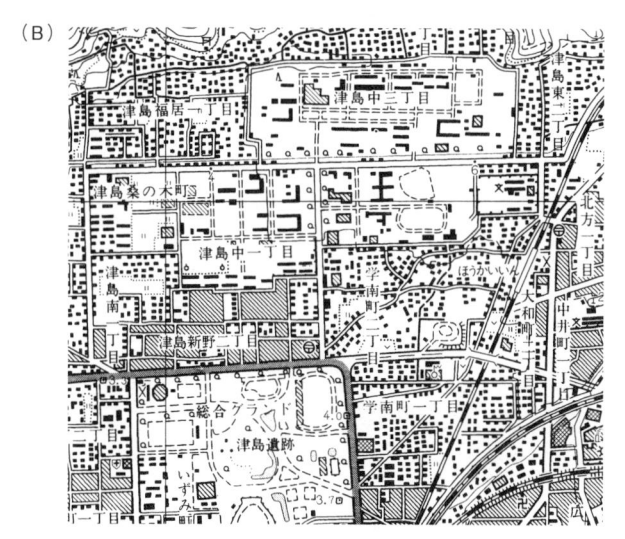

[大学図書館]

[ATM] [学生会館]
[大学本部]

津島モール
[ATM]
[津島支店]
法界院支店
法界院駅
国道53号線

(B)

図1　同じ地域を描いた地図

(A)には誤りが含まれている。(B)国土地理院　1：25000 地形図　岡山を一部修正(2000年6月1日発行)

(A)

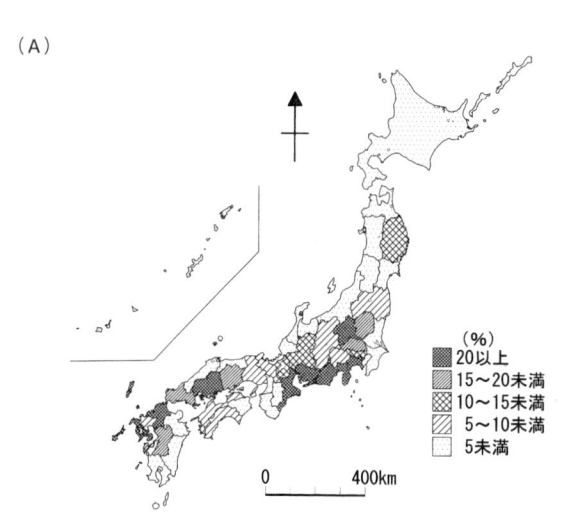

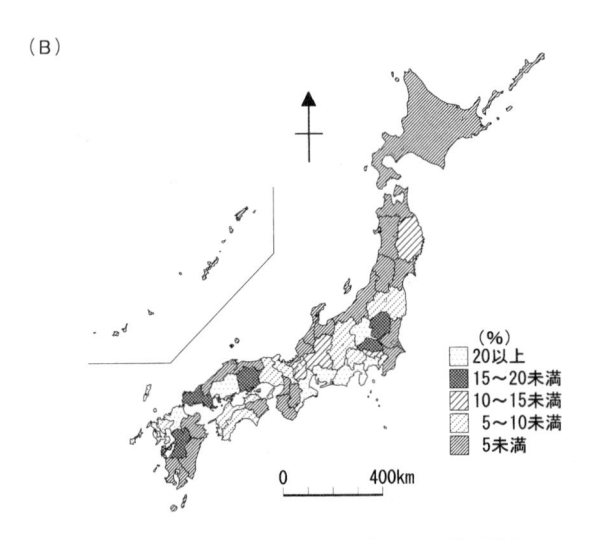

(%)
- 20以上
- 15〜20未満
- 10〜15未満
- 5〜10未満
- 5未満

0　　400km

(B)

(%)
- 20以上
- 15〜20未満
- 10〜15未満
- 5〜10未満
- 5未満

0　　400km

図2　同じデータから作成された統計地図
(A)(B)輸送用機械器具工業出荷額の製造業出荷額に占める割合(2003年)(平成15年工業統計表による)

えば，日本の教科書で取り上げられている世界地図の多くは日本が中心に描かれています。この世界地図を見ていると，日本が世界の中心に位置しているというイメージが創出されます。しかし，このような世界地図を日常的に利用しているのは世界的に見ると少数派で，大西洋が地図の中央部に描かれ，日本は地図の右端に描かれている地図や，それぞれの国が自国を地図の中央付近に配置した地図が多く使われているのです。

　1枚の地図を見る場合には，どうしても地図の中心付近に視点が集中しやすいため，周辺部の印象は薄くなる傾向にあります。この結果，大西洋が地図の中央部に描かれ，日本が地図の右端に描かれている地図を利用している人びとの多くが，日本がまさに世界の端に位置している国だというイメージを持つにいたっているのです。

　また，世界地図に記載されている国境なども，国境がずっと固定され不変のものであるというイメージや，国境を境にしてあちらとこちらでははっきりした違いがある地域としてのイメージを創出しています。もちろん，国家という単位は非常に重要ではありますが，自然，文化，経済，情報など国家の枠を超えて存在していたり移動したりするものも多く，国境によって明確に区切られた地域じたいが，実は，あるひとつの地域イメージにすぎないともいえるのです。

　これは，国境だけでなく，日本の都道府県界や市町村界などにも共通します。そうした境界線によって明確に区切られた地域イメージが，それらの境界線を越えて存在している自然，文化，経済，情報などを認識する妨げとなっている場合もあることを意識しておく必要があるのです。

３ もっと地図帳・地球儀を活用しよう

大切な小学４年生

　地理学習は「地図に始まり地図に終わる」といわれ，地図を自由に使いこなせる子どもたちを育てることが大切です。地図にはそこに暮らす人々の「物語（ストーリー）」があります。物語（ストーリー）のない「無味乾燥・チリチリ・バラバラな知識の羅列」で魅力のない授業にしてほしくありません。そのためには教員が「地図好き」になることが必要です。ここでは，地図に関わる「教え方の工夫」を，世界地図に視点をあてて考えます。

　小学４年生４月，子どもたちは初めて教科書としての「地図帳」を手にして，新しいインクの臭いに満ちたページを開きます。期待で胸をふくらませ，ワクワクしながら世界に目を開く瞬間です。そしてこの地図帳は４〜６学年の３年間，授業で使用される「正式な教科書」なのです。表紙の隅っこには「文部科学省検定済教科書」と書かれています。ほかの小学校の教科でこのような，本来の教科書以外の「学年を越えた教材」が，教科書として認定されている例はありません。地図帳は，長期にわたって使用される教科書なのですが，「どの教科の」「どこで使うか」は，個々の教員の判断にまかされています。このこ

とは，地図帳がいかに大切かを示しています。「地図帳は空間認識・国際理解のための羅針盤」なのです。

「地図ぎらい」は教員の責任

しかし，このような地図帳の重要性を理解し，積極的に活用している教員は少ないようです。特に世界地理の内容が社会科教科書で登場するのは，6年下（後半）ですから大部分の場合，世界地図に関わる授業はそれまで行われません。残念ですが授業で使われない地図帳は，自宅の本棚に置かれたままです。

これは教員側の責任です。例えば国語辞典では言葉の「意味」を調べます。地図帳はいわば「場所」を調べる「辞典」の役割を持っているのです。社会科以外の教科・時間を含め，3年間フルに地図帳が活用される工夫が必要です。

特に4年生の時期は発達段階的にも「地理意識の発展期」（山口2002，p.246）の入り口にあたり，人生で最も地理意識「空間認識」が身に付く時期といわれています（図3）。この時期に地図帳に接する機会を逃すと，その後の人生で「地理認識」を身に付けることは困難になってしまいます。

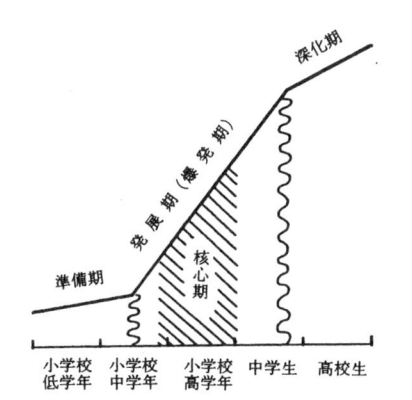

図3 地理意識の総括的発達傾向
出典：山口（2002, p. 246）

算数（数学）教育などでは，小学校3年を「9歳の壁」といいますが，地理・地図教育でも同様に小学校4年で「10歳の壁」が存在するのです。

　私の小学校時代，担任の先生はホームルームの時間に「地図読み＝地図帳を使ったゲーム」をしてくれました。これは班ごとに分かれて競争し，先生が出題した地名（市町村名）を地図帳で見つけ「都道府県名で答える」ゲームでした。単純なことですがこれが非常に楽しかったことを覚えています。この体験がきっかけで，外国にも範囲は広がり，知らず知らずのうちに県名・国名や首都名を競争して覚えていました。

　ほかの教科書と違って，地図帳をいつ・どこで用いたらよいのかが分からないまま，3年間まったく使わない教員もあります。このような教員に習うと「地図の読めない」「地理認識」の形成されない人間になってしまいます。

　国際化した現代社会において「空間認知」「世界認識」は，生きるための力＝基本的な教養です。このような「地図帳の教育」は，ほぼ100％，教える側・教員の責任です。したがって学校教育全体からみても，「地図帳の教育」は教員の力量・工夫が最もストレートに問われる分野・領域といえます。

「ゲームの世界」と「地図の世界」

　このような時期は発達段階から考えて，自分以外の世界に関心が高まる時期です。この時期に空間認識・世界知識を広げておくことは，大きな意味を持ちます。すなわち世の中（現実世界）にも，ゲームなど（仮想世界＝非現実）にも，興味関心は

高まります。地図は「記号化した世界」ですが，その背後には「現実世界」があります。

　ゲームの中も「記号化した世界」といえます。しかしその背後には「現実」ではなく「仮想世界」しかありません。すなわちゲームの世界には「現実世界」のバックがないのです。した

図4　ゲームに登場する地図の例
出典：講談社編(2000)『ポケットモンスター金・銀，最強トレーナーガイド』講談社，口絵 p. 1 (左上＝ジョウト地方), p. 2 (右上＝カントー地方)。
渡辺隆司ほか編(2003)『ポケットモンスター，ルビー・サファイアぼうけんマップ』小学館, pp. 2〜3 (下＝ホウエン地方)。

がってゲームの世界に入れば、「嫌なこと＝現実」から逃避することができます。

　ゲームと異なり、地図学習は人間を「積極的」「肯定的」「プラス思考」に導くと考えられます。すなわち「非現実」に逃避するのではなく、問題解決を現実世界に求めていく態度が、地図学習における「世界認識の拡大」で可能になるのです。異なる世界を「知りたい」「知ろうとする好奇心やエネルギー」は、だれもが持つ本能です。このエネルギーを「地図＝現実世界」に向けるのか「ゲーム＝仮想世界」に向けるのかは、一人ひとりの子どもによって違います。

　筆者が子ども時代を過ごした60年代～70年代と異なり、近ごろでは、戸外で遊んでいる子どもの数はめっきり減ってしまいました。私の子どもたちを見ていても幼稚園時代からテレビゲームに熱中し、何時間も画面に釘付けになっている機会が増えました。

　先ほど私の担任の先生が「地図帳を用いたゲーム」をやってくれ、それが大変楽しかったということを書きましたが、私の小学生時代だった60年代の後半に、もし今のようにテレビゲームが身近にあれば、おそらく私はそちらに向かい「仮想の世界」拡大にのめり込んだと思います。

　事実、私の子どもたちに地図帳や地球儀をみせても、関心を示しません。というより地図帳・地球儀を用いた「ストーリー」が発想できないのです。しかし、テレビゲームに登場する地名が実は地図帳にもあるんだ、という「発見」で事態は急変しました。たとえば「ポケットモンスター」の主人公が修業の旅をする、「ジョウト地方」は近畿地方、「カントー地方」は

関東地方,「ホウエン地方」は九州・沖縄地方をモデルに設定されていることを話してみると,子どもたちの地図帳を見る目が輝いてきたのでした(**図4**)。

ここでは,ゲームがすべて悪いと言っているのではありません。同じ「逃避」なら「地図への逃避」の方が,はるかに健全であるように私は考えます。これらはゲームから現実の地図に発展する興味深い事例です。

誕生以来,私たちの空間認識は,個人差があるにせよ「自宅」→「自宅の周辺」→「幼稚園と周辺」→「小学校と周辺」→「周辺市町村」→「都道府県」→「地方」→「日本全体」→「アジア」→「地球全体」→「宇宙」と,およそ拡大していくと考えられます。「周辺市町村」あたりまでは実生活体験で「実像」として認識されますが,「都道府県」レベル以上となると,全体像が見えません。したがって記号化された「地図」=「都道府県地図」が必要になってきます。さらに「世界」「地球全体」となると,世界地図や地球儀に「モデル化」されたものが,認識形成を助けると考えられます。すなわち,世界地図・地球儀という「道具(ツール)」の力を借りなければ,世界・地球全体の認識形成はできないのです。

このような重要な時期に,地図に接する機会(訓練)が制限されると「空間認識・世界認識形成」に必要な条件が欠けることになってしまいます。空間的に広い世界の存在を認識することによって,精神的にもプラスの効果が生じます。すなわち「大きな広い世界」の中の「小さな存在」の自分に気づきます。私自身も,これまでくよくよ悩んでいた自分が,大きな世界から見れば「実はあまりにも小さな存在」であることに,ある日

気がつき，それまでの自分が滑稽に感じる体験をしました。

　これは，坂本龍馬が19歳の時，初めて河田小龍から世界地図を見せられ，世界全体から見れば「日本国」や「土佐藩」がいかに小さい存在かを啓発され，その後の人生に大きな影響を受けたことでもわかります（鈴木1996, p. 130）。このように地図は人間を積極的にプラス思考に変える力を持っています。

索引の活用

　ここでは，地図帳の入門で知ってほしい「索引の活用」についてお話しします。先ほどの私の経験「地図読み」は，自分の力で地名を見つけるというゲームでしたが，地図帳には巻末に索引があり，五十音順に，地名をはじめとしてその地図帳に掲載されたことがらが一覧になっています。しかもその一つ一つに掲載場所が示されています。経線と緯線を用いて，地図上の位置を一種の「番地」のように表記しているのです。

　さらにこの地図帳の索引は，小学校地図帳に限らずどのような地図帳でも，原則的には同じ方法で表記されています。小学校の地図帳で学んだ「索引の活用」は，基本的に世界中のどこ

図5　索引の「使い方」　出典：岩田（2000, p. 6）

の国で出版された地図帳でも通用することになります。したがって子どもたちに「索引の活用」(**図5**)をきちんと教えることは,世界中で役立つ「生きる力」を伝授することになるのです。

世界地図の落とし穴

まず導入として,立方体→円柱→四角錐→円錐の展開図(平面図)を各自に書かせます。その際にはできるだけ具体的な実物(立体)を持参して見せます。この4つが描き終わった時点で,ボールを見せ本題である「球=地球」の展開図(平面図)について考えさせます。ヒントとしてミカン(夏みかんやグレープフルーツ=大きい方が良い)を準備し,教員が実際にナイフを用いて皮をむく(スイカを切るときの要領で展開)実演をします。現実には球を完全な平面にし,展開図を描くことは不可能ですが,この実演を見て子どもたちのイメージができてきます(**写真1**)。この段階ではじめて,地球儀を取り出します。

大部分の子どもは,地球儀に貼られている地図(「舟型多円錐図」といいます)に展開していく方法に気づきます。一見これは正しく平面化されたように見えますが,みかんの皮の例からも,この「舟型」は本

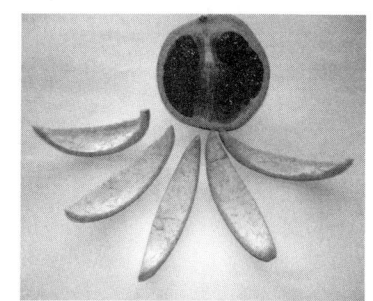

写真1　グレープフルーツの展開
(筆者撮影)

来は中央が「へこんでいた」「ふくれていた」はずです。無理に平面にしていることを説明します。無理に平面化すれば当然「面積」や「形」に歪みができます。ここまで理解してもらえば次は比較的簡単です。

面積のトリック：グリーンランドはなぜ広いのか？

ここでは舟型多円錐図と，メルカトル図法を比較させます（**図6**）。舟型の「すき間」部分（図中の斜線部）を埋めていくことで，メルカトル図法ができることを説明します。したがってメルカトル図法においては，赤道から遠ざかるにつれて「す

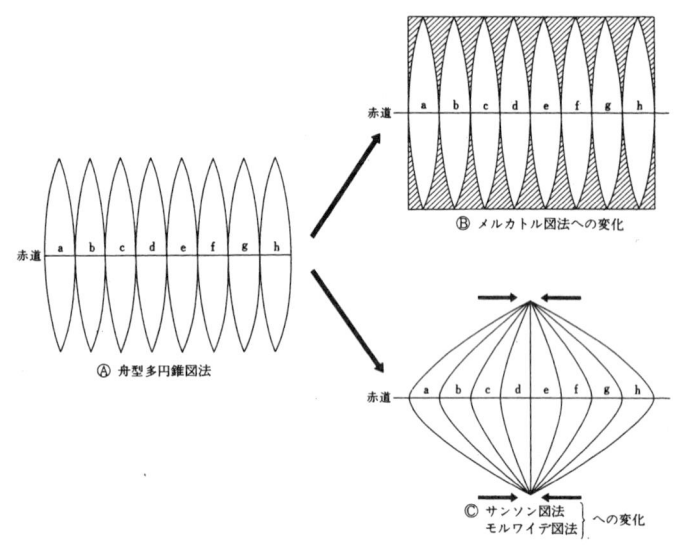

図6　舟型多円錐図の変化　　出典：西岡（1990, p. 42）

き間（斜線部）」を埋めている部分の面積がプラスされることになります。つまり両極に近づくほど，実際の地球より面積が大きく表現されてしまう欠点があることがわかります。

　逆にいえば赤道付近のみが比較的面積が正確で，後はすべて「ウソ」になります。しかし，高緯度にあるヨーロッパが大きく描かれるのは，制作者メルカトル（オランダ出身）にとっては，気分の良いことだったのかもしれません。

　このメルカトル図法で描かれた世界地図では，オーストラリア大陸がグリーンランド島より小さく描かれてしまうことになります。また実際の面積がグリーンランド島とほぼ同じメキシコも小さくなります（p.102，図9）。これらの面積の比較の際にはトレーシングペーパーを用いて実際のメルカトル図法の世界地図より形を写し取らせることを必ず行なってください。また面積の数値は地図帳の巻末などの統計を用いて調べさせます。

　それでは，面積の正しい世界地図は描けないのでしょうか。答えは「描ける」です。図6を再び見てください。面積を増やさずに「舟型」のすき間を埋める方法として考えられたのが，ⓒのサムソン図法・モルワイデ図法です。タマネギのような形をしたこれらの世界地図は面積が正しいので「正積図法」と呼ばれます。しかし，これらの地図には大陸や島の「形が歪む」という欠点があります。特に周辺部ほど形が変形してしまいます。

　結論から言えば，球である地球を用いて，面積も形もどちらも正確という平面世界地図を描くことは「不可能」なのです。私たちの周囲には，さまざまな世界地図があります。それらの欠点や長所を理解したうえで，目的に応じて活用されています。

教室でマスターする方位

次に世界地図で「方位」について考えます。方位には「東西南北」の4方位がありこれが基本です。私たちの日常生活では方位はあまり問題になりません。友達の家に行くには目印になる道路や交差点，目立つ建物などを教えてもらいます。それを手がかりにしてたどり着きます。しかし，もし山の中や海の上なら，どちらに向かうのかを判断する，だれにでも共通した基準が必要です。これが「方位」という考え方です。

もう少し細かく見ると，天気予報で台風の進路は「北北西」などと言っているのをよく聞きます。これは「16方位」と呼ばれ，「東西南北」4方位の基本からスタートし，その組合せで表現したものです（**図7**）。小学生でも十分にマスターできますので，工夫し学べるようにしてください。教室内で，まず4方

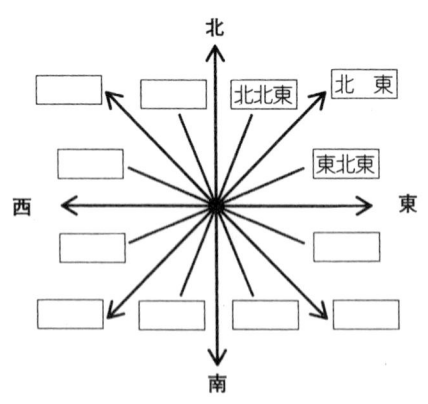

図7　16方位を記入しよう
出典：二宮書店(1995, p. 1)

```
北↑
┌─────────────────────┐
│         │    │    │    │    │
│  E  │ F  │ J  │ B  │    │
│  M  │    │    │    │    │
│  H  │ A  │    │ I  │
│     │    │    │ K  │
│  D  │ L  │ G  │    │ C  │
```

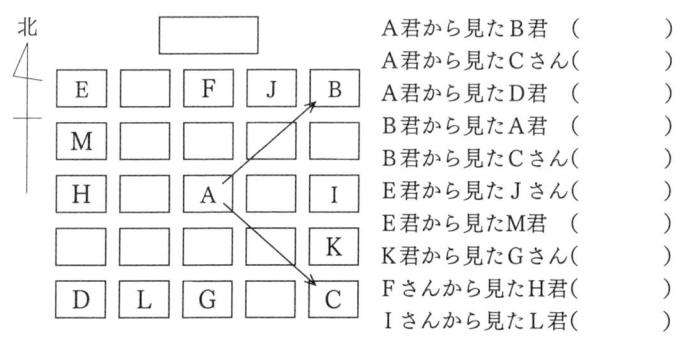

A君から見たB君　（　　）
A君から見たCさん（　　）
A君から見たD君　（　　）
B君から見たA君　（　　）
B君から見たCさん（　　）
E君から見たJさん（　　）
E君から見たM君　（　　）
K君から見たGさん（　　）
Fさんから見たH君（　　）
Iさんから見たL君（　　）

図8　教室の座席で考える方位（著者作成）

位からスタートし，「北に向かって」全員起立し「前が北」「後ろが南」「右手が東」「左手が西」というふうに，全員がそろって体を動かしながら，マスターさせると成功します。次に「北東」「南東」「北西」「南西」の4つをたして8方位，通常小学校ではここまでですが，さらに16方位をゲーム感覚で，楽しみながら身につけさせる工夫をしてください。

次は実際に「方位を考える訓練」をしてみましょう。最も身近な教室内の座席を使って考えてみます（**図8**）。最後に教室の中央から見たそれぞれの方向（16方位）を記入した「カード」を，壁に貼って終了します。

このような方位は，一般には方位磁石の指す，N（北極）・S（南極）なのですが，方位磁石の方向は，厳密には極点＝緯度90°（北極点・南極点）より少しずれています。正確には方位磁石の指すのは「北磁極」「南磁極」です。しかも，興味深いことにこの「磁極」は時間・時代とともに移動します。「極点」と「磁極」の違いは，教員自らが地図帳や地球儀で確認してお

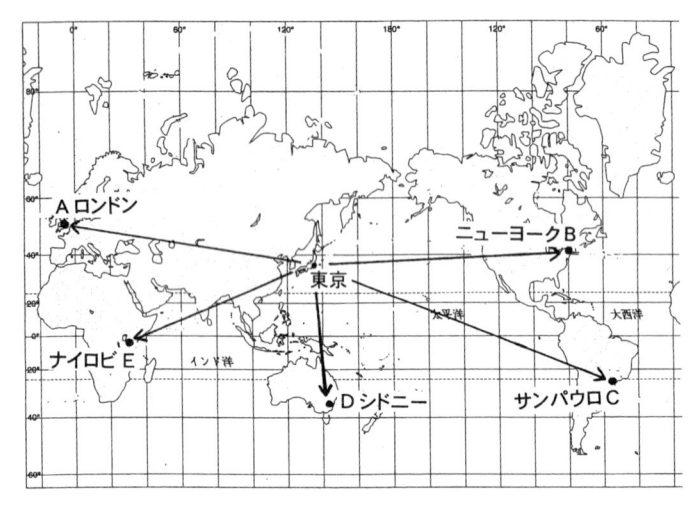

図9 メルカトル図法で考える方位
出典：岡ほか(1999, p. 2)に加筆修正。

てください。

さて，再びメルカトル図法の世界地図（**図9**）を見てください。この地図で次の**A～E**の各都市について「日本からの方位」を考えてみましょう。

図7の方位をさっそく用いて，「簡単」に答えられたと思います。しかし本当にこれは正しいのでしょうか。というより「面積」と同じように「方位」も疑ってみることが大切です。そのためには地球儀が必要になってきます。

方位のトリック：ブラジルは日本の北？

地球儀で方位を調べるには，紙テープを直角に交差させ「十

字」を作って，セロハンテープで地球儀に貼ります（**図10**）。これにより中心（交差点）からの正しい方位がわかります。ここではメルカトル図法世界地図で考えた方向と違うことに気づきます。地図や地球儀には「経線」「緯線」が描かれていて，その方向が方位を表すと考えられがちですが，実はそうではないのです。特に「緯線」方向は東西方向を示しません。ただし赤道は例外で東西と一致します。また「経線」方向はすべて正しい南北を表します。

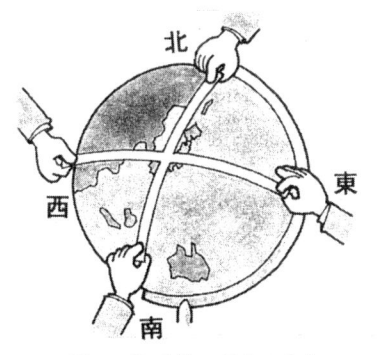

図10　地球儀で考える方位
出典：西脇（2001, p. 11）に加筆。

　それでは正しい方向は地球儀でしか分からないのでしょうか。正しい方向を示す世界地図を描くことは不可能なのでしょうか。答えは「可能＝描ける」です。次にあげた東京中心の正距方位図法（**図11**）がそれです。一見して変な形をした世界地図ですが，この地図は中心からの「距離」と「方位」に関しては正確な世界地図なのです。それ以外の「面積」や「形」は正確ではなく，大陸はゆがんだ形になっています。

　これを用いれば，ロンドン（北北西），ニューヨーク（北北東），サンパウロ（北北東），シドニー（南），ナイロビ（西）であることがわかります。実は東京から見るとニューヨークとサンパウロはほぼ同じ方位となります。すなわち方位を考える際

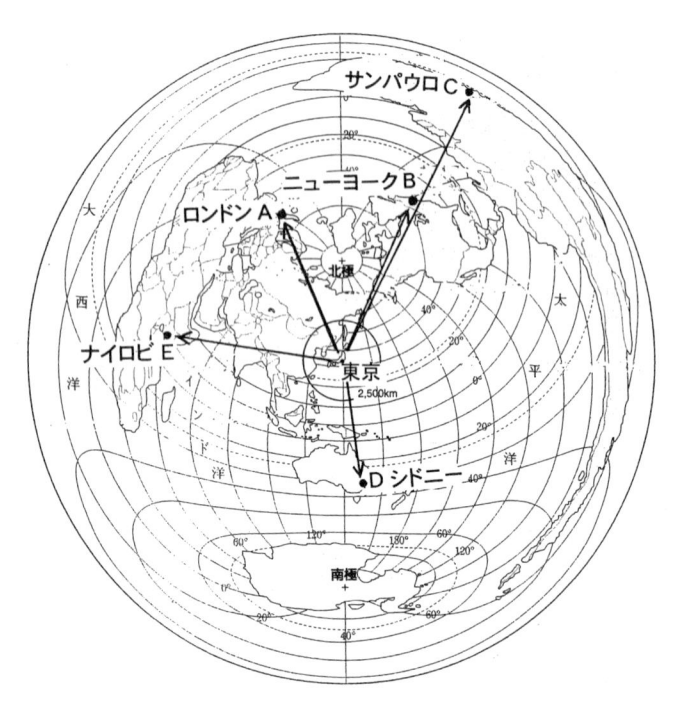

図11 東京中心の正距方位図法で考える方位
出典：岡ほか(1999, p.3)に加筆修正。

には，地球儀か正距方位図のどちらかを用いないといけないことがわかります。この正距方位図は，航空図として利用されています。これをみると成田発ニューヨーク経由サンパウロ行きなどがある理由もわかります。

Hint 3

地理的思考を育てる絵本

　文字を習得する過程にある小学生，特に低学年では，映像などの視覚的な効果が大きな役割を果たします。それは同時に地理の魅力を存分に活かせるところでもあります。この特性をいかして，地理のおもしろさ，世界のおもしろさ，自然のおもしろさを伝えてほしいのです。

　地理の魅力を伝える児童書をいくつか紹介したいと思います。

◆アネッテ・ランゲン話，コンスタンツァ・ドロープ絵，栗栖カイ訳（1994）『フェリックスの手紙—小さなウサギの世界旅行—』ブロンズ新社

　ドイツでは名の知れたウサギのぬいぐるみのキャラクター「フェリックス」が世界各地をまわって，旅先から手紙を届けてくれるという絵本のシリーズで，絵本の中に本物の手紙が埋め込まれています。たとえば，フェリックスの手紙（6）「空飛ぶトランク」では，件のフェリックスはベルリンを出発して，トランシルバニア，インド，中国をめぐり，太平洋の海の上からも手紙が届き，メキシコ，フロリダまでの旅をします。ちなみにフェリックスは北極やジャングルの探検もしているし，そのほかにもサンタクロースと一緒にプレゼントを世界中に届け

たり，時間旅行で日本の法隆寺にも来ています。宇宙旅行もしています。たいしたやつだ。

◆ピーター・スピアー作，松川真弓訳（1982）『せかいのひとびと』評論社

原題は『PEOPLE』。アダムとイブを連想させるような始まりや，非ヨーロッパ世界のイラストの表現に極端な例を強調しすぎるようなきらいがあって，非ヨーロッパ世界の人間としては鼻につかないでもない。でも，主張していることはよく分かる。子どもに世界の多様性を伝えるにはよくできた本です。ただ，もうちょっといい絵だったら，もっといい本なのに。

◆渡辺隆司ほか編（2003）『ポケットモンスター　ルビー・サファイアぼうけんマップ　任天堂公式ガイドブック』小学館ほか

別にゲームを奨励しているわけではありませんが，かつて子どものころ「宝島の地図」に胸をわくわくさせたことはないでしょうか。本家のスティーブンソンではないけれど，現代版宝島の地図。なんといっても子どもたちはパノラマが好きです。そのパノラマの細部もとても好きです。細部が雑なパノラマはすぐに飽きてしまいますが，細部まで描き込まれたパノラマなら飽きることなく眺めています。それは多様性を多様性として理解するうえではとても重要なことだと思い

ます。

◆姉崎一馬写真（1981）『はるにれ』福音館書店

　　草原に立つ一本のハルニレの木の一年をうつした写真絵本。一言の文字もないお話のつまった本。自然を観察するという行為をさりげなく見せてくれるとともに，私たちをとりまく四季というものを子どもたちに伝えてくれます。

◆二見正直作・絵（2003）『もっとおおきなたいほうを』福音館書店

　　最後に筆者のお気に入りの絵本を一つ。あるいは大人ウケのする風刺だといわれるかもしれないけれど，私たちの暮らしている社会のもっとシリアスな側面も子どもたちと共有すべきだと考えます。その経験は，多様性を多様性として見る経験を積むこととあわせて，私たちのまわりにたくさん存在する「現代版ＴＯマップを見破る目」を育てることにもなるのです。ちなみにこの本，題名とは裏腹に内容は非常にテンポよくかつコミカルに進んでいきます。

〔荒木一視〕

文 献 一 覧

畔上昭雄（1967）「社会科地理教育における Black Africa のとりあげについて」『新地理』15-1, pp. 56-68。

市川克美（2002）「メディアリテラシー・情報リテラシーの問題」『歴史地理教育』No.643, pp. 22-25。

岩田一彦ほか（2001）『新しい社会科地図』東京書籍。

浮田典良編（2003）『地理学用語辞典（改訂版）』大明堂。

岡昇ほか編（1999）『地理 A 作業帳』東京学習出版社。

小山田穣・渡部八重子・小林賢司・小松沢昌人編著（1994）『人間を考える新しい社会科の授業③「環境・資源の大切さ」を学ぶ』東洋館出版社。

菊池利夫（1960）『地理学習の原理と方法』金子書房。

熊谷圭知（2000）「はじめに」熊谷圭知・西川大二郎編（2000）『第三世界を描く地誌』古今書院, pp. i-iv。

鈴木勣ほか編（1996）『坂本龍馬―動乱の時代を疾走した風雲児―』世界文化社。

多田孝志・櫻橋賢次編（1997）『小学校　ユニセフによる地球学習の手引き』教育出版。

戸井田克己（2002）「小・中・高・大の一貫的見地からみた地理カリキュラム」『地理』47-8, p. 13。

中川眞弥編（2002）『福澤諭吉著作集第 2 巻, 世界国尽　窮理図解』慶応大学出版会。

中山修一（1997）「近・現代日本における地誌と地理教育の展開」『地誌研叢書』27。

西岡尚也（1990）「球面上の世界と地図・自分の空間を広げる楽しさをどう教えるのか」『地理』35-7(増刊) pp. 40-45。

―――――（1997）「初等教育地理教科書類にみる第三世界（途上国地

域）記述の変化―開発教育の視点から世界地誌の復興を考える―」『新地理』45-2，pp. 35-48。
―――（2005）「新旧教科書「小学校6年下」にみるアフリカ記述の課題―開発教育の視点から―」『新地理』53-1，pp. 1-17。
西脇保幸ほか（2001）『新中学校地理―日本の国土と世界―』清水書院。
二宮書店編集部（1995）『アトラス・ワークブック2―地図で探る世界のすがた―』二宮書店。
正井泰夫（1979）「地理教育の発展的展開」『新地理』26-4，pp. 1-9。
山口幸男（1998）「「国土学習」の改善点と授業改革の焦点」『社会科教育』12月臨時増刊，pp. 94-97。
―――（1994）「地理意識発達の実証的究明」『群馬大学教育学部紀要人文・社会科学編』43，pp. 149-150。
―――（2002）『社会科地理教育論』古今書院。
横山泰夫（1989）「小学校高学年児童における地理的世界認識の一考察」『新地理』36-4，pp. 30-37。

■執筆者紹介

荒木一視（あらき・ひとし）
　1964年生まれ。広島大学大学院文学研究科博士課程単位取得退学。経済地理学・食料の地理学専攻。山口大学教育学部教授。
　『食料の地理学の小さな教科書』〔編著〕（ナカニシヤ出版，2013年），『フードシステムの地理学的研究』（大明堂，2002年），荒木一視ほか編『モンスーンアジアのフードと風土』（明石書店，2012年），ほか。
　〔担当〕「はじめに」，第1章

川田　力（かわだ・つとむ）
　1964年生まれ。広島大学大学院文学研究科博士課程単位取得退学。社会地理学・都市地理学専攻。岡山大学大学院教育学研究科教授。
　『都市の景観地理　大陸ヨーロッパ編』〔共著〕（古今書院，2009年），「岡山市オランダ東通りにおける街路整備―商業振興との関連を中心として―」『瀬戸内地理』（11，2002年），「長野県佐久地方における大学進学行動と大学新規卒業者の就職行動」『地理学評論』（66-1，1993年），ほか。
　〔担当〕第2章1，第3章1・2

西岡尚也（にしおか・なおや）
　1958年生まれ。奈良大学文学部地理学科卒業。佛教大学大学院教育学研究科修士課程修了。関西大学大学院文学研究科博士後期課程単位取得退学。歴史地理学専攻。京都府立高等学校教諭，琉球大学教育学部教授を経て，大阪商業大学総合経営学部教授。
　『子どもたちへの開発教育』（ナカニシヤ出版，2007年），『開発教育のすすめ―南北共生時代の国際理解教育―』（かもがわ出版，1996年），『新・アジアに強くなる75章』〔共著〕（かもがわ出版，2003年），ほか。
　〔担当〕第2章2，第3章3

小学生に教える「地理」
— 先生のための最低限ガイド —

2006 年 4 月 20 日　初版第 1 刷発行	(定価はカバーに表示しています)
2014 年 7 月 20 日　初版第 5 刷発行	

著者　荒木　一視
　　　川田　　力
　　　西岡　尚也

発行者　中西　健夫

発行所　株式会社　ナカニシヤ出版

〒606-8161　京都市左京区一乗寺木ノ本町 15
TEL (075)723-0111
FAX (075)723-0095
http://www.nakanishiya.co.jp/

© Hitoshi ARAKI 2006（代表）　　　印刷／製本・太洋社

落丁・乱丁本はお取替えいたします
Printed in Japan

ISBN978-4-7795-0047-3　C0025

■ 好評発売中

食料の地理学の小さな教科書
荒木一視 編
世界各地でとれた食材がわたしたちの食卓にならぶまでには、どんな過程があるのか。生産、流通から消費まで、世界を「食」から考える、食料の地理学の理論的・具体的アプローチ。　　　　　　　　　四六判 並製 176頁 2000円

子どもたちへの開発教育
西岡尚也 著
子どもたちには世界地図を！　日本人の世界認識をたどり、社会科教科書の問題点を洗い出した結果みえてきた、いま子どもたちに必要な教育とは。国際理解教育を実践する人のための基本テキスト。　　　　四六判 並製 160頁 1700円

図説 世界の地域問題
漆原和子・藤塚吉浩・松山 洋・大西宏治 編
グローバル化の進む現在、世界各地で浮上する様々な地域の問題を80題とりあげ、主題図を中心にして解説します。授業の教材づくりや、卒論・レポートのテーマ探しに使えます。　　　　　　　　　　　　　B5判 並製 176頁 2500円

観光の空間　—視点とアプローチ—
神田孝治 編
「観光」という複雑な現象を読み解くための25の視点とアプローチ。「空間」に着目し、観光空間の形成や観光客の行動、ゲスト－ホスト間のコンフリクトなどを分析。観光研究への実践的入門書。　　　　A5判 並製 280頁 2900円

レジャーの空間　—諸相とアプローチ—
神田孝治 編
「余暇＝レジャー」のさまざまな側面と、それを読み解くための25のアプローチ。「空間」に着目し、日常性と非日常性をあわせもつ「レジャー」を、スポーツなど具体的な事例をもとに解説。　　　　　　　A5判 並製 272頁 2900円

〈税抜価格〉